KB170917

존재만으로 이미 충분한 당신

존재만으로 이미 충분한 당신

펴낸날 ‖ 2022년 10월 28일 초판 발행
지은이 ‖ 파나슈 데사이
옮긴이 ‖ 유영일

펴낸곳 ‖ **올리브나무** 출판등록 제2002-000042호
　　　　　경기도 고양시 일산동구 정발산로 82번길 10, 705-101
　　　　　전화 070-8274-1226, 010-7755-2261
　　　　　팩스 031-629-6983　　E메일 yoyoyi91@naver.com
펴낸이 ‖ 유영일

ISBN 979-11-91860-22-1　03190

값 16,000원

존재만으로 이미 충분한 당신

파나슈 데사이 ‖ 유영일 옮김

올리브
나무

당신은
날개를 활짝 펼치고 자기 자신을 표현하고 살라는,
그럼으로써 당신의 인생과 세상을 밝히라는 부름을 받고
이 지구에 온 것입니다.

— 파나슈 데사이

차 례

이제는 당신 자신의 꽃을 피울 때

당신의 인생이 지금껏 어떻게 펼쳐져 왔는지는 중요하지
않습니다. 하지만 이것만은 유념해 주었으면 합니다. 매일 아침
눈을 뜰 때마다 당신이 살아 있다는 그것만으로도 당신은 백만
달러의 복권에 당첨된 것이나 마찬가지라는 것. 날이면 날마다
당신에게는 과거에 당신이 한 것과는 다른 선택을 할 수 있는
86,400번의 기회가 초 단위로 주어진다는 것. 사랑으로 생각하고
행동하고 움직일 수 있는 28,800번의 호흡이 주어진다는 것. 하지만
언제나 오직 한 가지의 선택사항이 있을 뿐입니다. 가슴에서
우러나오는 삶을 살면서 당신의 한계 없는 가능성을 펼쳐
나아가느냐, 두려움과 한계에 사로잡혀 '창살 없는 감옥' 같은
인생을 계속해서 살아가느냐?

의사가 내 엉덩이를 철썩 때리면서 나의 출생을 세상에 처음 알렸을 때부터, 나에게는 이번 인생을 통해서 내가 성취해야 할 정해진 목적이 있었습니다. 우리 모두가 다 그렇듯이. 하지만 내가 내 뜻을 앞세우고 그런 계획과 섭리에 저항하는 동안에는, 다른 사람들의 칭찬이나 사랑을 받고 싶은 욕심에 사로잡혀 그들의 입맛에 따라 나를 바꾸려고 애쓰는 동안에는, 나는 나 자신을 잃어버리고 살았습니다. 내적 허기와 절망에 빠져 허우적거리고 난 뒤에야 매 순간 우리 안에, 또 우리 주변 어디에나 존재하는 참된 실재와 접속하게 되었고, 그때에야 비로소 내가 그동안 크게 잘못 살아왔음을 깨달았습니다. 다른 사람들의 장단에 맞추느라 나를 팔아버리는 삶을 더 이상 살지 않겠다고 결심했고, 그러한 포기와 내려놓음을 통하여, 나는 인생의 목적과 그 선함을, 그리고 모두가 하나로 이어져 있다는 것을 알아차리는 여정을 시작하게 되었습니다. 그곳이 바로 나의 최종 목적지였고, 내가 도달하게 되어 있었던 나의 운명이었지요.

안팎으로 이렇게 환해지는 경험을 나타내는 단어가 여러 전통에 공통적으로 있으니, 바로 '삼매samadhi'입니다. 삼매란 고요한 명상 상태 또는 정신집중 상태를 뜻하는 말로, 신과 본래 하나였고 영원히 하나일 당신의 참자아Essential Self에 대한 기억을 회복하게 됨에 따라 세상의 소란을 저절로 멀리하게 되는 적멸寂滅 · 적정寂靜

상태입니다. 삼매는, 자신이 진정 누구인지에 대한 완전하고도 진실한 앎의 상태입니다. 그것은 하나됨이고, 밝아진 인식이며, 깨달음입니다. 우리 모두는 존재의 가장 깊은 차원에서 그런 상태를 갈망합니다. 이러한 하나됨에 대한 열망은 '그칠 줄 모르는 내면의 허기' 같은 것이지만, 사람들은 '내면'에서만 찾을 수 있는 이것을 외부에서 찾아 헤매곤 합니다. 나를 찾아오는 사람들에게서 나는 '허기와 갈증'을 보곤 합니다. 두려움과 절망과 슬픔과 분노에 쩔어 사는 사람들, 중독되고 버림받은 사람들일수록 그 '허기와 갈증'이 도드라져 보입니다. 자신의 외부에서 필사적으로 해결책을 찾는 사람들에게 보내는 내 메시지는, 그러한 탐색의 시작과 끝은 바로 자기 자신이라는 것입니다.

나는 당신이 당신의 참자아를 찾고 태생적 권리인 당신의 평화를 되찾을 수 있도록 힘을 실어주기 위해 여기에 있습니다. 가장 중요한 것은, '그 힘'이 이미 당신 안에 존재한다는 것입니다. 다만 잊어버리고 있을 뿐이지요. 나는 당신의 그 기억에 불을 붙이기 위해, 일련의 사건과 경험을 통해 당신이 어떻게 해서 당신 자신의 힘, 잠재력, 빛, 사랑을 잊게 되었는지를 알아차리도록 도우미 역할을 하고자 할 뿐입니다.

삼매는 특정인들의 점유물이 아닙니다. 누구나 삼매에 들 수 있습니다. 인류는 지금 잠에서 깨어나는 과정에 있습니다. 집단적인 깨어남이 이미 시작되었습니다. 정치적, 사회적으로, 그리고 환경에 따라 일어나는 모든 일—모든 혼란은, 저마다 자신의 참자아를 기억하고 깨닫게 하기 위한 장치일 뿐입니다. 세상 곳곳에서 불협화음을 겪을 만큼 겪은 결과, 가식과 에고 위주의 구조들이 무너지고 있고, 사랑, 친절, 인류의 하나됨에 대한 실상이 모습을 드러내고 있습니다. 깨달음은 더 이상 승려, 스승, 구루만의 전유물이 아닙니다. 사실, 다른 사람의 영적 수행이나 여정을 더 열심히 베끼려고 애쓸수록, 당신 자신의 참된 자아의 힘, 아름다움, 진정성에서 오히려 더 멀어지게 됩니다.

삼매는 노력이나 이해, 혹은 성취의 문제가 아니기 때문에 당신 자신의 운영 체제가 기대하는 바와는 정반대입니다. 그것은 당신이 읽은 책, 당신이 공부한 수업 내용, 혹은 당신이 추구하기로 선택한 영적인 길의 영향에 근거하여 당신에게 주어지는 것이 아닙니다. 깨달음을 얻으려는 목적으로 육신의 세상을 버릴 필요는 없습니다. 아쉬람에서 살거나 하루에 세 번 명상을 해야 하는 것도 아닙니다. 아름다운 가족과 함께하면서 와인 한 잔을 즐기고, 좋아하는 TV 프로그램을 보고, 안락한 집에서 휴식을 취하고, 이 세상의 온갖 것들을 즐겨도 괜찮습니다.

삼매를 경험하기 위해 진정으로 필요한 것이 있다면, 그것은 당신 자신입니다. 그것이 필요한 전부입니다.

이 행성에서 당신이 경험한 일들은 맑은 남보라색 하늘에 떠 있는 수십억 개의 별들 중 하나만큼이나 독특하지만, 그럼에도 나는 당신과 내가 같은 여정 위에 있다고 믿습니다. 우리 모두는, 참자아를 알아차리고 '진정한 나'를 살게 됨으로써 분리와 고통에서 벗어나 하나됨의 축복으로 가는 여정 위에 있습니다. 부자든 가난한 자든, 기혼이든 독신이든, 고용 상태에 있든 실업자이든, 젊든 나이가 많든, 남성이든 여성이든, 종교가 기독교, 이슬람교, 힌두교, 유대교, 불교 중 어느 쪽이든, 당신은 참자아를 알아가고 있는 영혼입니다. 당신은 지금, 참자아로 살아간다는 것은 곧 '무조건적인 사랑'에 안기는 일이요 그 사랑의 빛을 세상에 비추는 일임을 점점 더 밝히 알아가고 있는 중입니다.

삶의 모든 측면이 '더 위대한 진화'에 기여합니다. 어떻게든지 세상의 요구에 부응하느라 습관이 되어버린 '억지로 짓는 미소', 피고용인을 계속해서 움켜쥐려고만 하는 고용주와 직원들을 길들이려고만 드는 보스, 앞으로 나아가려는 당신을 자꾸만 주저앉히려고 하는 세상적인 시험들, 주기적으로 찾아오는 가슴앓이, 당신의 자녀들과 형제자매, 부모와 조부모…. 심지어, 당신이 즐겨 입는 스웨터나 아침에 먹는 얇게 썬 바나나와 같이 간단하고 평범한 것들은 물론 당신의 인생을 구성하는 무수한 색상들과 질감, 당신의 고민 내용과 황홀했던 순간들, 정해진 일과 등, 그 무엇 하나 당신의 진화에 의미 없는 것은 없습니다. 사람이든 사물이든, 당신과 관련되어 당신의 인생에 나타난 것은 그 무엇이든(혹은 그 누구이든), 다 우주적 목적을 가지고 있습니다. 그 목적이란, 유한한 육체를 가지고 살아가는 당신이 아무런 한계 없는 당신 자신의 '신성한 본성'을 알게 되는 것입니다.

우리 모두가 경험하는 모든 것의 원천인 '신'이나 '신성'은 '무한한 사랑의 바다'이며, 우리에게 그 어떤 것도 요구하지 않습니다. 신은 사실, 자기 자신에 대한 우리의 믿음도 필요로 하지 않습니다. 우리가 어떻게 정의하든, 그 모든 정의는 사실상 '신'이나 '신성'을 제한할 뿐입니다. 그럼에도 이정표를 제공하기 위해, 또는 무한대를 가리켜 보이기 위해 '신성'이라는 단어는 가장 확장적입니다. '신'이나 '신성'은 그 무엇을 포함해도 짐이 더해지는 법이 없습니다. 당신이 이 책에서 '신' 또는 '신성'이라는 단어를 만날 때에는, 당신으로 하여금 당신의 무한한 본성을 상기하도록 하기 위함임을 알아두십시오. 첫 숨을 내쉬는 순간부터 마지막 숨을 거두는 순간까지, 당신이 경험하는 모든 것이 바로 그 목적을 위해서입니다.

이 책을 쓰는 나의 의도는 당신 안에 내재하는 '신 의식the Divine Consciousness'의 경험으로 당신을 깨어나게 하는 데에 있습니다. 나는 당신의 개인적인 진화가 가속 페달을 밟을 수 있도록 도울 것입니다. 그리하여 당신이 당신의 무한한 본성을 구현할 수 있도록.

이 문턱을 통과해 갈 때, 당신은 가장 확장된 상태의 삶을 경험하기 시작할 것입니다. 마치 일출 직전의 광활한, 평화롭고 고요한 바다를 바라보고 서 있는 것처럼. 코발트빛 하늘이 희미하게 밝아옴에 따라 당신은 자신이 어둠이 아니라는 것을 확실히 알게 됩니다. 진보라색, 분홍색, 주황색, 노랑색이 수평선을 뚫고 번져 나갑니다. 경외심을 불러일으키는 빛과 색상 팔레트가 하늘을 가로질러 가없는 바다 위로 팔을 뻗쳐 당신에게로 향합니다. 태양빛이 당신을 감싸기 위해, 당신에게 기억을 상기시키기 위해 다가옵니다. 당신은 바로 이 빛입니다. 당신은 태양처럼 강력합니다. 태양의 광채와 순수성은 태어날 때부터 당신에게 이미 주어진 신성한 권리입니다.

먹구름이 당신의 빛나는 본성을 뒤덮었던 날들에도, 당신의 참자아는 사라지지 않았습니다. 일시적으로 보이지 않았을 뿐입니다. 천둥 번개가 요란한 폭풍우가 당신의 삶에 닥치더라도, 견고한 토대 위에 서게 된 당신은 이제 더 이상 흔들리지 않을 것입니다. 어떤 태풍, 어떤 지진, 어떤 쓰나미가 닥치더라도 당신은 이제, 당신의 참자아를 잊지 않을 것입니다.

당신 자신이 빛이라는 것을 알기만 하면, 당신은 어떤 상황 속에서도 내면의 평화를 지켜낼 수 있습니다. 두려움, 불안, 분노를 결코 느끼지 않을 것이라는 것이 아닙니다. 고통 속에서도 더 이상 길을 잃지 않을 것이라는 뜻입니다. 어떠한 어둠도 빛을 잠식할 수는 없습니다. 어둠이 닥치더라도 당신은 이제 그것이 하늘을 지나가는 일시적인 구름일 뿐이라는 것을 분명히 알게 될 것입니다. 인간성 안에 감추어진 진실을 이해하는 사람은, 진화에 더욱 더 속도를 내도록 자신을 북돋을 수 있습니다. 그 과정에서 당신은 자신이 지금 어디에 서 있는지, 어떻게 해서 이 지점까지 오게 되었는지, 알아차리게 될 것입니다. 당신은 이 세계와 관계를 맺는 새로운 방식을 터득하게 될 것이고, 지금까지와는 전혀 다른 방식으로 살아가게 될 것입니다.

인간성 안에 감추어진 진실을 이해하는 사람은,
진화에 더욱 더 속도를 내도록
자신을 북돋을 수 있습니다.

이 책에는 신성한 우주 에너지가 스며들어 있습니다. 이 에너지는 오래된 이야기와 신념, 육체적 · 정신적 · 정서적 상처나 가슴 속 깊은 곳에서 오래도록 삭여지고 있는 한恨을 표면으로 떠오르게 하는 촉매 역할을 할 수 있습니다. 그렇게 해묵은 것들이 떠오름으로써, 살아오는 동안 내내 축적된 에너지와 가로막혀 있었던 에너지가 해방되어 조화로운 삶을 향해 나아갈 수 있습니다.

그 과정에서, 풀리지 않은 강한 감정에 사로잡혀 눈물이 주체할 수 없이 흘러내릴 수도 있을 것입니다. 그런가 하면, 이 책의 내용 중 어떤 것도 당신의 삶과는 관련이 없다고 판단할 수도 있습니다. 하지만 이것은 가장 위험한 적색 신호입니다. 그러니 섣불리 중단하지 마시고, 계속해서 읽어 주시기를 부탁드립니다.

이 책이 전달하는 에너지는, 당신 안에 이미 존재하고 있지 않은 것은 어떤 것도 준설할 수가 없습니다. 육체적·감정적·영적·심리적으로 당신이 경험하고 있는 모든 것이 표면으로 떠오르도록 허용하겠다는 마음의 여유와 의지를 가지십시오. 진정한 영적 깨어남과 궁극적인 자아실현의 길을 가기 위해서는 반드시 거쳐야 할 과정입니다. 읽고 있는 대목에 대한 반응이 강할수록, 당신과 삶에 대한 재정의를 향해 나아가는 과정에서 당신에게 반드시 필요한 내용일 가능성이 큽니다. 모든 단어는 당신으로 하여금 당신의 지고한 신성을 드러내도록 돕는 역할을 합니다.

2003년, 나는 깨어났습니다. 내면의 침묵 가운데 들려오는 소리가 있었지요. 계시를 받은 것입니다. 그 시점까지의 내 삶은 강렬한 영적 체험이 있었다 할지라도 일시적인 것에 지나지 않는 것들이었습니다. 나는 다른 사람과 가까이 있는 것만으로도 다른 사람의 감정과 에너지를 본능적으로 알아차리는 능력을 타고난 것 같습니다. 네 살짜리 다른 소년들은 만화를 즐겨 보고, 저마다 나름대로의 요새를 짓고, 해적이나 은행 강도와 같은 상상의 적과 싸우느라 바빴지만, 나는 매일 몇 시간씩 기도하고 예배하는 신성한 분위기에 에워싸여 있었습니다. 할머니 집의 심장부인 명상실은 들어서기만 하면 다른 곳과는 달리 고요하고 낯선 분위기였습니다. 어린 나이에도 나는 웬지 그곳이 좋았습니다. 타오르는 촛불과 은은한 향, 그리고 할머니가 부르는 성가의 메아리 속에서, 나는 이 세상 너머에 있는 존재의 신성한 에너지에 빠져들었습니다. 심오한 평화, 연대, 무조건적인 사랑의 아름다움이 내 가슴에 물결쳐 왔고, 이 기억으로 인해 훗날 나는 내가 이 세상에 온 이유가 메신저가 되기 위해서라는 것을 더욱 더 확신하게 됩니다.

바깥 세상은 많이 달랐습니다. 저는 1970년대 후반 동부 런던에서 자랐습니다. 동부 런던은 평화와는 거리가 먼, 무질서하게 뻗어 있는 외곽 지역이었습니다. 그곳은 민족주의, 문화, 강한 신념과 이상이 서로 부딪히기 일쑤인 소란스러운 용광로였습니다. 사람들은 가족들의 생계를 위해 열심히, 또 길게 일했습니다. 그곳 사람들은 언뜻 거칠고 강인해 보이지만, 그런 겉모습은 날로 치열해지는 적자생존 게임에서 살아남으려는 자신들의 두려움, 박탈감, 결핍감을 가리기 위한 위장술일 뿐이었습니다. 평온했던 집안과 거친 바깥 세계 사이의 불협화음은 내 인생의 처음 20년 동안 내가 걸어야 할 운명의 길과 사회에의 적응 욕구 사이에서 점점 더 심각한 갈등을 야기하게 됩니다.

주변에 있는 것만으로도 다른 사람의 감정과 에너지를 느낄 수 있는 나의 독특한 재능은, 근심 걱정이 많은 사람들로 하여금 나를 찾아오게 하는 자석 같은 역할을 했습니다. 자신들을 약자라고 생각하면서 늘 피해의식 속에서 살아가는 사람들은 내게로 와서 속이 뻥 뚫리는 경험을 하곤 했습니다. 가족이나 친구들, 그리고 생면부지의 낯선 사람들은 감정이 고조되어 내 앞에 자신들의 짐을 풀어 놓으면서 울기도 하고 분노를 폭발시키기도 했습니다. 일곱 살짜리 아이에게 그들의 이런 반응은 당혹스럽기도 하고 신경을 곤두서게 하기도 했습니다. 그들의 재정 문제, 건강에 대한 두려움, 관계의 어려움, 극단적인 감정은 내 나이에는 소화하기 어려운 것들이었지만, 그들의 넘쳐나는 원초적 감정들이 나로 하여금 나의 자리에 뿌리내리게 해주었습니다.

나는 항상 책임감을 느꼈고, 나의 무엇이 그들의 감정을 그렇게 불러일으켰는지 늘 궁금했습니다. 나는 부모님에게, 사람들이 나와 앉아서 이야기할 때 '내 마음이 너무 너무 무거웠다'고 말하기도 했습니다. 하지만 시간이 지나서 방문객들이 자리에서 일어날 때가 되면, 거의 모두가 한결 가벼워지고 밝아진 느낌이었습니다. 어떤 경우에는 얼굴이 '반짝반짝' 빛나 보이기도 했습니다. 이어, 그들의 삶은 극적으로 변화되곤 했습니다. '예전의 그 사람이 맞나?' 싶을 정도로 나날의 삶이 기적처럼 달라졌습니다. 내 에너지는 그들이 수십 년 동안 만들어 온 담장을 낮추고 벽을 부수어서 그들의 에너지를 바꾸고 삶을 변화시켰습니다.

우리 가족은 그것을 '재능'이라고 불렀지만, 사람의 내면 세계를 감지하는 이 능력은 나 스스로를 '이상한 사람'으로 여기게 하여 점점 더 성가신 일이 되어 갔습니다. 나는 그냥 이 행성 위에서 살아가는 보통 사람이 되고 싶었습니다. 어떻게든지 '튀는 사람'이 되고 싶지는 않아서, 나는 내가 보통 사람에 지나지 않다고 느끼는 데에 도움이 되는 선택을 하기 시작했습니다.

대다수 청소년들과 마찬가지로, 나는 학교에 적응하기 위해 고군분투했고, 내 뒤를 봐줄 만한 그룹을 찾아서 소속감을 느끼려고 애썼습니다. 어린 시절 나도 모르게 빠져들었던 영적 세계에의 몰입은 예민한 감수성을 더욱 예민하게 만들어 인간관계를 어렵게 만들었습니다. 나는 방황했습니다. 조폭도, 지식인도, 반항아도, 약쟁이도 아닌 나는 아웃라이어, 따돌림을 당하기 쉬운 타깃이었지요. 좋은 날에는 그저 떠밀려 다니는 정도였지만, 나쁜 날에는 구타를 당했습니다. 나는 공감을 잘 하는 나의 에너지적 재능을 살려 적응하는 법을 배웠습니다. 여느 불량배마냥 얼굴을 잔뜩 찌푸리고 다님으로써 결코 만만한 상대가 아니라는 것을 보여주었고, 적어도 그들에게는 그것이 통했습니다. 하지만 내가 아닌 내가 되기를 선택할 때마다, 나는 더 큰 대가를 치러야 했습니다. 나는 뼛속까지 진실하지 않은, '껄렁한 놈'이 되어가고 있었지요.

십대 후반에 내 정체성을 주장하고자 고투하면서, 나는 내 존재와 나의 내면의 GPS, 할머니의 영성에 가장 강력한 토대가 되었던 것으로부터 등을 돌리기로 결정했습니다. 나는 번화한 곳이지만 마약과 갱단이 들끓는 언더그라운드 뮤직계에서 새 집을 찾았습니다. 나는 인기 MC로서 자리를 잡았고, 다양한 사회경제적 배경을 가진 인사들로 구성된 팬클럽이 있을 정도였습니다. 런던의 부자들과 지역 유지들, 뭔가 별난 하루를 보내려고 애쓰는 보통 사람들에 이르기까지, 팬 클럽 인사들은 다양했습니다. 나는 우쭐한 마음에 늘 자부심을 느끼며 살았지만, 그것으로는 내면 깊은 곳에서 느껴지는 공허감과 외로움을 조금도 달랠 수가 없었습니다.

대학에 진학할 때가 되자, 나는 가족들이 자랑스러워할 만한 선택을 했습니다. 그것은 참나에게서 더욱 더 멀어지는 길이었지만, 나는 상관하지 않았습니다. 가슴이 가리키는 열망에 따라 철학을 선택하는 것이 자연스러운 길이었지만, 나는 할아버지가 나를 자랑스럽게 여겨줄 것이 분명한, 법학과 경영학을 선택한 것입니다. 나는 그것이 나를 위한 일이 아니라는 것을 가슴으로 알고 있었지만, 철학 학위는 재정적 안정을 가져다줄 수 없을 것이고, 인도 출신인

할아버지의 눈에는 손자가 자랑스럽게 여겨질 수가 없을 것이 뻔했습니다.

대학생활 3년차에 접어들면서부터는 슬픔이 점점 내 안에서 끓어오르기 시작했습니다. 나는 나 자신의 선택보다 나를 바라보는 다른 사람들의 눈을 더욱 더 우선시하고 있었습니다. 나는 나를 살고 있는 것이 아니라, '다른 사람들의 눈'을 살고 있었습니다. 나는 나 자신을 헐값에 팔아버리고 있었던 것입니다. 나는 할아버지를 사랑했고, 매우 존경했습니다. 그는 맨몸으로 인도에서 런던으로 이민을 왔습니다. 죽도록 일을 한 끝에 아내와 다섯 자녀를 모두 영국으로 오게 할 수 있었습니다. 실로 놀라운 인생을 살았다고 할 수 있습니다.

그는 나름대로 성공을 거둔 것이 분명합니다. 나는 새로운 세대로서 그의 뒤를 이어 우리 가족들의 인생을 더욱 더 탄탄한 기반 위에 올려줄 무엇인가를 해야 한다는 강박감을 느꼈습니다. 세상은 나에게 그렇게 할 수 있는 확실한 방법이 있다고 말했고, 그래서 그 길을 열심히 따르기로 했습니다. 나는 할아버지의 큰 손자였습니다. 나는 할아버지가 자랑스러워하는 손자가 되고 싶었습니다. 나는 내가 데사이Desai 집안의 유산을 이어받아 다음 세대에 전할 준비가 되어 있다고 믿었습니다. 그러나 외적 성공이라는 것에 취한 나머지, 나는 내 인생의 목적과 내 존재

이유를 잃어버렸습니다.

우리의 삶에는 우리로 하여금 우리 자신의 참자아를 되찾아 진실된 삶을 살도록 우리를 전면적으로 변화시키는 데 도움이 되는 뭔가 결정적인 순간들이 있습니다. 보이지 않는 어떤 힘이 개입한 것이 분명해 보이는, 그런 순간들이 있습니다. 위기나 트라우마로 인식되기도 하는 이런 순간들은, 우리의 세계를 밑바닥부터 뒤흔들거나 찢어서 우리로 하여금 우리 자신으로서 최선의 삶을 살도록, 저마다 참된 자기 자신을 표현하며 살도록 다시 한번 우리를 재정렬시켜 나아가게 합니다.

나는 한 젊은이가 세상으로부터 원할 수 있는 모든 것을 다 성취하고 경험했지만, 그럼에도 여전히 공허하고 비참했습니다. 소용돌이치는 통제 불능의 삶에서 오는 점증하는 고통과 외로움으로, 나는 질식할 것만 같았습니다. 그러던 중 어느 토요일 아침의 이른 시간에 나는 평생 잊지 못할 경험을 하게 됩니다. 그로 인해 나는 인생이란 것이 얼마나 소중한 것인지, 한 순간에 어떻게 모든 것이 영원히 바뀔 수 있는지를 깨닫게 됩니다.

나는 MC를 맡고 있었고, 다시 한번 밤늦게까지 파티를 할 준비가 되어 있었습니다. 술을 주문하기 위해 바에 가까이 다가갔을 때, 세 명의 술 취한 사람들이 나에게 달려들었습니다. 그들은 큰 소리로 인종차별적 욕설을 퍼부으면서 나를 바닥에 쓰러뜨리더니 발로

차고 때리기 시작했습니다. 다행히도, 나를 아는 클럽의 경비원들이 지켜보고 있었습니다. 그들은 싸움을 말리고는 나를 일으켜 세웠습니다. 여기저기 멍이 들고 상처를 입은 터라, 몸을 주체하기도 힘들었습니다. 나는 그런 몸을 하고는 집에 가고 싶지 않았습니다. 도저히 부모님을 뵐 면목이 없었지요. 그래서 나는 더 밤늦게까지 여는 다른 클럽으로 갔습니다. 안으로 들어서자, 또 다른 싸움이 벌어졌습니다. 이번에는 총이 동원되었습니다. 곧이어 경찰이 와서 그곳을 포위했습니다. 마치 인질극이 벌어질 때처럼, 술집 안에 있던 사람들은 한 사람씩 경찰의 호위를 받아 가까스로 그곳을 빠져나올 수 있었습니다.

주변에서 일어나는 일들은 나를 깨우기 위해서인지 점점 더 강렬해지고 있었습니다. 젊은 시절의 내가 선택했던 것들은 어딘가 그럴듯한 자리에 소속되고 싶어서이거나 더 잘 적응하기 위해서였습니다. 나는 나 자신의 진정한 행복, 내가 가슴으로 원했던 것들로부터 점점 더 멀어져갔습니다. 그러던 중, 나는 처음으로 뭔가 내 마음 깊은 곳을 울리는 듯한 속삭임을 들었습니다. 처음에는 아주 희미한 소리였지만, 나는 내 머리 위쪽 어딘가에서 들려오는 속삭임을 확실히 듣게 되었고, 그 이후 내 삶이 완전히 달라졌습니다. 나는 문자 그대로, 그리고 비유적으로, 집으로 향했습니다. 어린 시절의 영성을 재발견하는 시간이었습니다. 며칠이 지나지 않아나는 짐을 꾸려서 아쉬람으로 갔습니다. 그리고 나의 참된 자아와 재연결되었습니다.

떠나기 전에 엄마와 나눈 가슴 뭉클한 대화를 평생 잊지 못할 것입니다. 나는 엄격히 금지된 일을 하다가 들키고 만 어린아이가 된 것 같았습니다. 나는 엄마의 손을 꼭 움켜쥐었습니다. 내가 떠나야 한다고 속삭였을 때, 엄마의 깊은 속마음이 그대로 전해졌습니다. 나는 격앙된 어조로, 뭔가 알 수 없는 큰 힘이 나를 뿌리째 흔들어서 어쩔 수 없이 떠나야 한다는 것을 엄마에게 설명하려고 애썼습니다. 나는 지금껏 정말로는 내가 원하지 않는 선택을 해왔고, 그러니 더 이상은 그런 식으로 살고 싶지 않다고 말했습니다. 참 힘겨운 대화였지만, 엄마는 사랑과 이해, 그리고 너그러움으로 내 말을 들어주었습니다. 가혹한 비판의 말들을 쏟아냈는데도, 엄마는 모든 것이 순리대로 다 잘 될 거라면서 나를 안심시켜 주었습니다.

내가 누구인지에 대한 진실을 재발견하고자 하는 진지한 열망을 품고, 나는 대서양을 건너 미국으로 갔습니다. 아쉬람의 신성한 공간에 처음으로 발을 들여놓았을 때, 실내에 울려퍼지고 있는 만트라 소리와 진한 향 냄새, 따뜻한 환영의 말을 건네는 신도들로부터 깊은 감동을 받았습니다. 나는 머리를 빡빡 밀었고, 검박하게 살기 시작했고, 사심 없이 봉사를 하고, 날마다 오랜 시간 동안 명상을 했습니다. 나는 결코 뒤를 돌아보지 않았습니다. 나는 마치 고향 집에 돌아온 것 같았지요.

6개월 후, 나는 런던으로 돌아와 완전히 이사 갈 준비를 했습니다. 나는 내 미래가 미국에 있다는 것을 알았습니다.

나는 미국 대륙을 횡단하는 여행을 하기로 결정했고, 그런 다음 서해안 쪽이 나에게 더 잘 맞는지 확인하기로 결정했습니다. 나는 인내심을 갖고 되도록 아무런 판단도 하지 않고 지내려고 애썼고, 열린 마음으로 여행을 하면서 사람들을 만났습니다. 시간이 지나면서, 나는 내 운명을 더 확실히 알게 되었습니다. 열정과 목적 의식을 갖고 깨어 있는 마음으로 지내는 시간이 많아졌습니다.

내 손가락의 지문과 갈색 눈만큼이나 나 자신의 일부였던 특이한 재능은 서쪽을 향해 갈수록 더욱 강해졌습니다. 돌이켜보면, 준비 기간이 길었던 것 같습니다. 나의 개인적인 에너지 주파수가 확장됨에 따라, 나는 나의 참자아와 일치하지 않는 것들을 알아차리고 경험하기 시작했습니다.

로스앤젤레스에 도착한 지 며칠 만에 내가 묵을 만한 아파트를 찾았습니다. 나는 진실된 마음으로 진리를 추구하는 사람들을 만나기 시작했습니다. 그러나 육신의 살림살이에 여전히 연연해 하였고, 그런 만큼 나는 여전히 온전히 '도달했다'고는 할 수가 없는 상태였습니다. 나는 열린 마음을 지니고 있었고, 호기심이 많았으며, 마치 체스판 위의 말처럼 이 스승에게서 다른 스승에게로 옮겨 다녔습니다. 스승들은 모두 나에게 똑같은 메시지를 전해주었습니다. 나는 깨닫기 위해 이 지구에 온 것이라고. 세상을 깨우기 위해 이 지구에 태어난 것이라고. 그런데도 나는 깊이 좌절하고 있었습니다. 나처럼 흠집 많은 사람이 어떻게 그런 막중한 책임을 맡을 수 있단 말인가? 그런 무거운 짐을 나로서는 감당할 수 없었습니다.

나의 좌절은 점점 커져 갔습니다. 그리고 2003년의 어느 날, 나는 상상도 할 수 없는 일을 하고 있었습니다. 나는 감히 신을 '불러냈습니다'. 나는 신을 향해 화를 내면서, 믿을 수 없는 요구를 했습니다. "당신이 존재한다면, 나는 당신을 느껴야 합니다! 메신저가 되기 위해 내가 여기에 있다면, 내가 진정으로 당신을 대신하여 무언가를 하기 위해 여기에 있다면, 당신이 누구인지를 아는 것만으로는 부족합니다. 나는 당신을 보고 느껴야겠습니다!"

다음에 일어난 일은 결코 잊지 못할 것입니다. 섣달 그믐날 자정이 가까워지는 시각이었습니다. 작은 아파트에 앉아 있었는데, 갑자기 보이지 않는 어떤 존재들이 방안에 가득 찬 것 같은 느낌이 들었습니다. 나는 그 방안에 더 이상 혼자 있는 것이 아니었습니다. 처음에는 두려움을 느꼈지만 그 두려움은 얼마 지나지 않아 깊은 평화와 연결의 수준으로 녹아내렸습니다. 마음이 편안해지면서, 앞으로 어떤 일이 일어날 것인지 기다리고 고대하는 마음이 일었습니다. 눈을 감고 있었는데, 갑자기 눈부신 빛과 강렬한 에너지에 휩싸였습니다. 내 몸은 격렬하게 떨리기 시작했습니다. 처음에는 겁에 질려 숨을 쉴 수조차 없었지만, 이 극도의 에너지 흐름에 휩쓸려 압사하지 않으려면 긴장을 풀고 받아들여야 한다는 것을 마음 한편으로는 알고 있었습니다.

한 순간 나는 정말로 내가 엄청난 심장마비라도 겪고 있는 줄로 알았습니다. 더 심해질까 봐 나는 나도 모르게 비명을 질러댔습니다. 감정의 격렬한 파도가 밀려왔다가 밀려가기를 반복했습니다. 나로서는 도저히 어떻게도 할 수 없는 에너지의 흐름이었습니다. 매 순간 내가 할 수 있는 유일한 일은, 내 몸을 오르내리며 흔들어대는 불편함, 고통, 트라우마에 나 자신을 내맡기는 것뿐이었습니다.

시간은 의미가 없었습니다. 나는 영구적인 확장 상태에 머물렀습니다. 밤을 꼴딱 새우고 아침이 밝아올 때까지, 그 힘은 나를 관통함과 동시에 나를 에워싸고 있었습니다. 그것은 모든 것을 두루 포함하고 또 포용하는 에너지였습니다. 무한한 에너지의 바다—가장 초월적인 형태의 사랑. 확장하는 성질을 지닌 본질이 최대한 발현될 때의 삶. 내가 보고 느끼고 경험한 것을 설명할 수 있는 단어는 존재하지 않습니다. 그것은 '신성한 하나됨'의 시간이었습니다.

다음 날 아침에 일어났을 때, 내가 당연하게 여겨왔던 모든 것이 저마다 숨막히는 광채를 가지고 있었습니다. 내 칫솔, 내 청바지, 자동차 열쇠, 문 손잡이… 골목길에 흩어져 있는 쓰레기들과 박스를 깔고 덮은 채 아직 잠들어 있는 노숙자들까지도 빛을 발하고 있었습니다. 뿐만 아니라 그 모든 것이 사랑으로 맥박을 치고 있었지요. 내 가슴은 신의 가슴과 하나로 합쳐졌고, 나는 만물을 진동과 주파수의 차원에서 인식하고 있었습니다. 나는 이제 아무런 판단 없이, 아무런 두려움 없이, 보고 느끼고 있었습니다. 모든 것이 다 유연해지고 부드러워졌습니다. 이 광채는 나의 하루를 끝없는 경이로움으로 충만하게 채웠습니다.

깨어남의 경험은 바깥으로 쏠렸던 나의 초점을 완전히 내면으로 쏠리게 했고, 그리하여 나는 세상으로부터는 더 이상 기쁨이나 사랑, 소속감을 기대하지 않게 되었습니다. 나의 행복은 더 이상 다른 사람들의 인정에 근거하지 않게 되었습니다. 나는 이유를 알 수 없는 행복과 평화의 한가운데에 있었습니다. 시간은 아무 의미가 없었습니다.

내가 경험한 내면의 대변화는, 주변 사람들을 나에게로 끌어당기는 역할을 했습니다. 내 경험에 대해 들은 친구들은, 그것을 다른 사람들에게 전하고 싶어 했습니다.

몇 주가 지나지 않아, 나를 찾아오는 사람들이 내 아파트를 채울 정도가 되었습니다. 그들은 단순히 나와 함께 있기를 원했습니다. 그들은 나에게서 뭔가를 느끼고 싶어 했습니다. 그러나 나는 분명했습니다. 나는 누군가의 구루가 되기 위해 여기에 온 것이 아니라는 것.

3개월이 넘는 시간이 걸렸지만, 결국 그 경험의 강도는 완화되는 듯했습니다. 사실, 그것은 저의 자연스러운 상태가 되었습니다. 어렸을 때 가지고 있던 선물 같은 재능은, 내가 그 에너지의 근원이 아니라 매개체일 뿐이라는 이해가 커짐에 따라 더욱 확장되었습니다.

몇 년 후, 나는 그동안 미국 서부에서 쌓아온 삶을 내려놓고 다시 한번 앞으로 나아가야 할 때라는 것을 깨달았습니다. 어느 날 아침, 나는 그곳에서의 일이 다 끝났다는 것을 알았습니다. 하나의 장章이 끝난 것입니다. 나는 내 의지보다 더 큰 힘에 실려서 다시 한번 큰 변화를 맞게 되었고, 내가 할 수 있는 일은 그 힘을 신뢰하는 것뿐이었습니다. 어쨌든 직관은 나에게 그곳을 떠나라고 말하고 있었습니다. 런던에서 살 당시의 어린 시절, 낮이 더 짧아지고 기온이 쌀쌀해지면 떼를 지어 이동하는 기러기들을 바라보곤 했는데, 마치 그 기러기들처럼 나는 짐을 꾸려 동쪽을 향해 떠났습니다.

그래요, 나는 슬퍼하고 있었습니다. 다시 한번, 나는 내가 알고 사랑하게 된 모든 것을 뒤로 하고 있었습니다. 관계의 상실로 인한 비통함과 더불어 나의 자각을 더 키우고 더 널리 가르침을 확장할 필요성이 나로 하여금 길을 떠나게 한 것입니다. 하지만 바로 그러한 '길 떠남'이 나의 비즈니스 파트너이자 아내이자 네 자녀의 어머니가 되어줄 아름답고 현명하고 강한 한 여성을 만나게 하기 위한 우주의 방식이었습니다. 물론 당시에는 그것을 알아차리지 못했지만.

이제 나는 압니다. 곤란과 어려움으로 인식되는 경험 안에는 하나의 열린 구멍이 있는데, 신성의 장엄함이 우리들 존재 안으로 스며드는 것은 바로 그 구멍을 통해서라는 것을. 살면서 우리가 경험하는 것들은, 아무리 고통스러운 경험이더라도, 결코 낭비가 아닙니다. 당시에는 모르더라도 언젠가는 그것을 깨달을 날이 오게 됩니다.

내가 여기에 있는 것은 깨어남과 신의 사랑의 메신저가 되기 위해서라는 최초의 계시가 있은 후 몇 년 동안, 나는 그 계시를 내 인생의 변하지 않는 상수常數로서 서서히 내 삶에 통합했습니다. 그리고 그것은 이제 완전히 나의 일부가 되었습니다. 이 세상이 가져다주는 그 어떠한 즐거움도—아름다운 해변도, 백만 달러짜리 수표도, 글로벌 무대에서의 드높은 지위도, 내가 내면에서 느끼는

'충족감'과는 비교할 수가 없습니다. 내면에서 느끼는 온전한 충족감, 여기에는 더 더해질 것도 없고 빼앗길 것도 없습니다.

내가 추구했던 의미, 내가 가능하다고 들어왔던 평화와 성취가 내 존재 안에서 스스로 모습을 드러냈습니다. 나의 고투, 나의 두려움, 나의 저항, 나의 무가치함은 끝났고, 그 대신 영원한 평화, 행복, 기쁨, 만족이 자리를 잡고 들어섰습니다.

내 인생 전체에 걸쳐 내가 한 모든 선택, 모든 경험, 모든 도전, 모든 축복은 내가 전하는 이야기의 태피스트리를 이루고, 나는 전 세계를 다니면서 저마다 자신의 참자아를 밝혀 한계 없는 인생을 살아가도록 사람들과 함께 열정과 가능성을 나눕니다.

당신의 참자아를 깨닫고 드러내는 일은 당신의 영혼과 일치와 조화를 이루고 살아가기 위한 과정이며, 이 과정에서 가장 중요한 일은 당신의 모든 것을 당신 자신이 받아들이고 포용해야 한다는 것입니다. 당신의 모든 자질, 당신이 풍기는 분위기, 모든 경험, 실수한 것들, 당신의 눈에 나쁘게, 추하게, 대립적이고 파괴적으로 보이는 모든 것들을 두루 포용할 수 있어야 합니다. 어떻게 그렇게 '통 큰 사람'이 될 수 있겠느냐고 반문할지도 모릅니다. 나로서는 도저히 불가능한 일이라고 손사래를 칠지도 모릅니다. 조금만 만져도 처절할 정도로 아픈, 그래서 거기에 대해서는 조금도 건드리고 싶지 않은 상처가 있어서, 그 부분만큼은 도저히 껴안고 포용할 수 없을 뿐만 아니라 꺼내놓고 싶지 않을지도 모릅니다.

또는, 내면의 갈등이라는 말조차 너무나 낯설어서 도대체 어디에서부터 시작해야 할지조차 모를 수 있습니다. 나는 이 여정을 시작하기조차 버거워하는 많은 사람들을 만났고, 그 이유들을 들어 왔습니다. "하지만, 파나슈, 당신은 내가 무슨 짓을 저질렀는지 모르잖아요." "당신은 내가 누구에게 상처를 입혔는지 상상할 수도 없을 거예요." "당신은 내가 지은 죄를 알지 못하잖아요." "내가 얼마나 큰 실수를 저질렀는지 아신다면, 나를 아는 척하기도 싫으실걸요?"

이런 진술들이 당신에게도 해당이 된다고 느낀다고 해서, 그것이 다음과 같은 궁극의 진실을 무효화시키지는 않습니다. 당신이 무슨 짓을 저질렀든, 당신은 바로 지금의 당신 그대로 신의 사랑을 받고 있습니다. 지금 여기에서, 이 순간에도.

이 여정을 떠나겠다고 작정했다면 꼭 필요한 한 가지는, 바로 당신 자신을 지금 여기에서 사랑과 수용으로 기꺼이 만나겠다는 의지를 확고히 하는 것입니다.

위대한 발명가인 니콜라 테슬라Nikola Tesla는 "우주의 비밀을 알고 싶다면 에너지, 주파수, 진동의 측면에서 생각하라."고 말했습니다. 그는 우리가 '진동하는 우주에 살고 있는 진동하는 존재'라고 이해했습니다. 이는, 당신이 도망치려고 하는 것이나 부정하려고 하는 것이나 억누르려고 하는 모든 것이 단순히 에너지의 한 형태일 뿐이라는 것을 의미합니다. 어떤 에너지는 밀도가 더 높고, 어떤 에너지는 상대적으로 주파수가 더 낮습니다. 어떤 에너지는 더 가볍고, 더 확장적입니다. 하지만 그 모든 것은 에너지일 뿐입니다. 그 이상도, 그 이하도 아닙니다.

당신은 언제나 진동하는 유동적인 그 에너지에 이름을 붙이고 판단하고 분류하도록 조건 지어져 왔고, 바로 그것이 당신의 성취를 가로막는 가장 큰 장애물일 것입니다. 당신은, 당신이 감히 대적하려고 한다면 산 채로 잡아먹히고 말 것이라고 당신이 믿는 '악마들'로부터 도망치는 데에 많은 시간을 보냅니다. 그러나 당신을 산 채로 잡아먹고 있는 것은 그 악마들이 아니라, 감히 대면하려고조차 하지 않는 당신의 거부하는 마음입니다.

내 의도는, 당신이 근본적인 자기 사랑과 수용으로 온 마음을 다해 당신이 억누르고 있거나 감추려고 하는 에너지들에 접근할 수 있는 용기를 갖도록 북돋는 데에 있습니다. 그럼으로써 당신이 긴장을 풀고, 당신의 현실에서 그런 에너지들이 자연스럽게 빠져나갈 수 있을 만큼 당신 스스로 당신의 주파수를 높일 수 있도록. 이 과정을 통해 당신은 두려움의 플랫폼에서 사랑의 플랫폼으로 이동할 것입니다. 많은 사람들이 이 과정을 거쳤습니다.

당신에게도 통하리라고 믿습니다.

당신이 기꺼이 마음을 내어 내면에 집중하게 될 때, 당신은 당신의 최고 주파수와 일치하게 되고, 동시에 진정한 당신이 아닌 모든 것을 포기할 수 있게 됩니다. 그럼으로써 살아남고자 방어하려고 애쓰는 에고가 더 이상 작동하지 않게 되기 때문에, 당신은 자기실현의 가속 페달을 밟게 됩니다. 마음이 활짝 열리면서 당신의 인생은 생생한 활력을 얻게 되고, 그리하여 마치 고향 집에 도착한 것 같은 안도감을 느끼게 될 것입니다.

삼매는 당신이라는 존재의 주파수를 높이도록 에너지를 근본적으로 재정렬해 줍니다. 그것은 모든 생명과 하나인 당신이라는 존재의 핵심과 외부 세계의 하나됨입니다. 당신은 모든 사람과 모든 것을 살아 움직이게 하는 '신성한 빛'의 불꽃에 다름아닙니다. 삼매는 궁극적으로 그러한 앎의 상태에 안기는 것입니다.

그럼에도 당신은 지금, 내면을 보기보다는 외부 환경에 적응하고 거기에서 평화를 찾으려고 계속 애쓰고 있는 중입니다. 영적인 길을 걷기로 한 다음, 당신은 마치 온라인으로 제품을 주문한 사람처럼 뭔가 색다른 경험이 당신의 문 앞에 '깨달음'을 가져다주기를 기다리고 있습니다. 당신은 부모님이나 교사, 사회, 종교, 영적 수행, 혹은 사랑스러운 작은 요정 대모가 당신에게

다가와 "니르바나 클럽에 오신 것을 환영합니다."라고 말하면서 배지라도 달아주기를 기대하고 있는 것 같습니다.

그러나 외부의 그 무엇도, 당신이 어떤 것을 가졌다고 해도, 그것이 당신의 가치나 미래를 보장해 주지는 않습니다. **당신의 가치를 보장해 주는 것은, 바로 지금 당신이 숨을 쉬고 있다는 사실입니다.**

바로 지금 이 순간, 당신의 존재 자체보다 당신을 더 가치 있거나 더 좋게 만들어 줄 수 있는 것은 없습니다. 당신이 어떤 행위를 한다고 해도, 당신이 그 무엇을 가졌다고 해도, 당신이 어떤 성취를 했든, 당신의 존재 자체를 더 가치 있게 만들어 줄 수는 없습니다. 당신의 존재는 그 자체로 이미 신성의 펼쳐짐이요, 그것으로 충분합니다. 당신은 이미 충분합니다.

깊이 숨을 들이쉬고, 존재 전체에 그 숨결이 스며들게 하십시오. 당신은, 있는 그대로, 이미 충분합니다.

신은 끊임없이, 온전히, 그리고 완전히 당신을 사랑합니다. 신은 당신을 있는 그대로 받아들입니다. 신이 당신을 있는 그대로 사랑한다는 것을 충분히 받아들일 수 있을 때, 당신은 당신의 가장 자연스러운 상태로 들어설 수 있으며, 그것은 곧 평화입니다.

바로 지금 이 순간, 당신의 존재 자체보다
당신을 더 가치 있거나 더 좋게 만들어 줄 수 있는 것은
없습니다. 당신이 어떤 행위를 한다고 해도,
당신이 그 무엇을 가졌다고 해도, 당신이 어떤 성취를 했든,
당신의 존재 자체를
더 가치 있게 만들어 줄 수는 없습니다.

당신이 지금까지 듣고 배워온 것들은 당신의 참모습인 이 평화 위로 층층이 겹겹이 막을 쌓아가서 해마다 그 겉껍질을 두텁게 만들어 왔습니다. 당신은 살아가면서 다양한 나쁜 경험과 감정적 트라우마를 겪었고, 이것은 모두 당신의 에너지 장에 각인되었습니다. 당신의 진화를 위해 당신이 해야 할 일은, 이러한 겉껍질을 벗겨내는 것입니다. 그것들을 분석하거나 거부하거나 맞서 싸움으로써가 아니라, 자각과 수용, 당신 자신에 대한 연민을 키움으로써.

당신의 신성한 본질은 줄곧 당신과 함께 해왔고, 당신이 이 재발견의 여정을 시작해 주기를 기다려주지 않습니다. 이 책에 있는 단어들의 에너지를 통해 당신은 당신이 걸어온 삶의 이야기를 반추하게 될 것입니다. 당신이 성취한 것의 렌즈나 당신이 도달한 굵직굵직한 업적의 렌즈를 통해서가 아니라, 당신의 빛나는 영혼의

렌즈를 통해서.

당신이 진정 누구인지를 아십시오. 기쁨은 어떠한 상황에서도 가능하다는 것을 아십시오. 얼마든지 예외적으로 특별한 인생이 있고, 당신 또한 그럴 수 있습니다. 다른 사람들의 삼매를 곁눈질만 하지 마시고, 당신 스스로 삼매에 들 수 있어야 합니다.

1

세상의 속삭임

세상—당신의 부모, 당신의 교사들, 당신의 조상들, 당신의
종교—은 당신과 일종의 협약을 맺었습니다. 그 협약은, 당신이
특정한 이정표에 따라 잘 살아가고, 돈벌이를 잘 하고, 성공의
기회를 쥐면, 당신은 행복하고, 건강하고, 부유하고, 현명해질
것이라고 보장합니다. 협약이 보장한 것들을 누리기 위해, 당신은
성취하고자 할 것입니다. 사랑과 존경과 명예를 얻고자 할 것입니다.
당신은 무엇이든 '해내려고' 할 것입니다. 그러면 당신은
받아들여질 것입니다. 가치 있는 사람이라는 평판을 얻게 될
것입니다.

당신은 자신이 이런 협약을 맺었다는 것조차 의식하지 못합니다.

그럼에도 당신은, 연필을 꼭 움켜쥔 채 토끼 귀를 하고 선생님 말씀을 잘 듣는 단정한 아이처럼, 규칙을 충실히 따랐습니다. 칭찬받을 만한 인생을 살기 위해 노력했습니다. 흠잡을 데 없이 착실한 인생을 살았습니다. 헌신적인 남편으로서, 사랑이 많은 어머니로서, 믿을 만한 친구로서, 든든한 직원으로서, 열심히 살아왔습니다. 당신은 거래의 목적을 달성하려고 부지런히 애써 왔지만, 그 과정에서 당신은 자신이 진정 누구인지를 잊어버렸습니다.

당신은 자신이 당신 자신의 진정성과 접촉점을 잃어버렸다는 것을 알지 못합니다. 자신이 진정으로 무엇을 원하는지조차 알지 못하게 되었습니다. 다른 사람들의 기대에 부응하고자 애써 왔다는 것조차 잘 알지 못합니다. 두려움, 한계, 결핍감, 그리고 에고에 의해 점령당한 세상에서 단순히 '대처'하는 법을 터득해 왔을 뿐이라는 것을 인식하지 못합니다. 당신의 부모가 그렇게 살아왔고, 당신의 동료들이 그렇게 살고 있습니다. 당신에게는 직업이 있고, 집이 있고, 자동차가 있고, 관계, 가족, 은행 계좌, 학위들이 있습니다. 어쩌면 그 모든 것을 얻는 데에는 성공하지 못했을지 모르지만, 적어도 그런 것들에 대해서 이해는 하고 있을 것입니다.

그러나 지금 당신은 실망하고, 당혹스러워하고 있습니다. 더 많이 성취하고 획득할수록, 마치 채워지기를 기다리는 빈 그릇처럼,

허전한 기분은 여전히 마찬가지이고, 오히려 공허감이 더 커져가는 것 같습니다. "도대체 왜 이런 기분이 드는 걸까? 나는 직업을 갖고 규정에 따라 열심히 일을 해왔다. 그런데 그렇게 해서 내가 얻은 것은 도대체 무엇이란 말인가?"

더 많이 성취하고 획득할수록,
마치 채워지기를 기다리는 빈 그릇처럼,
허전한 기분은 여전히 마찬가지이고,
오히려 공허감이 더 커진 것 같습니다.

낙담은 날이 갈수록 커져갑니다. 처음에는 어쩌다 느끼는 둔중한 통증으로 시작지만, 어느샌가 더 이상 무시할 수 없는 날카로운 통증으로 바뀌어 갑니다. 인생이라는 대극장 무대의 뒤에서 진정으로 만족하는 사람은 극소수에 지나지 않다는 것을 깨닫기 시작합니다. 사람들은 저마다 무엇인가를 찾고 있습니다. 당신이 무엇인가를 찾고 있는 것처럼. 그 모든 것이 제스처 게임처럼 헛된 몸짓들에 지나지 않는 걸까요?

참자아로부터 분리된 삶이 가져다주는 공허함을 감정적

격변으로 경험하든, 고요한 절망으로 경험하든, 아니면 삶이 당신에게 무엇인가를 빚지고 있다는 보편화된 느낌으로 경험하든, 결과는 동일합니다. 우리에 갇힌 야생 원숭이처럼 원을 그리며 달리는 것 같은 마음. 찾고 있지만 결코 찾지 못할 것 같은 느낌. 인생에 대한 실망과 낙담은 자기 자신의 무가치함에 대한 지표로 여겨지기도 합니다. 별것도 아닌 일로 잠 못 이루며 고민하기도 하고, 세상 근심걱정 다 짊어진 것처럼 끊임없이 생각을 이어가기도 합니다. 학교에 아이들을 데려다준 후나 퇴근하는 지하철 안에서도 생각은 꼬리를 물고 이어가지만, 속시원한 해결책은 어디에도 없습니다. 그런가 하면 음식, 섹스, 마약, 성공 같은 물질적이고 육적인 만족을 물리도록 추구하기도 합니다. 그러고는 자기 자신의 '행복 시나리오'에 들어맞지 않은 것은 무엇이든 무차별적으로 밀어냅니다.

누가 보더라도 부러운, 흠잡을 데 없는 인생을 살고 싶어 하고, 그렇게 내비치고 싶어서 신경을 곤두세우고 살아갑니다. 어떻게든지 잘사는 모습을 보여주고 싶은 마음에 엄격한 스케줄을 세우고 그것을 지키고자 안간힘을 다합니다. 그럼으로써 걱정과 불안과 두려움을 없애고 마치 삶을 자신이 통제하고 있는 것 같은 느낌으로 자기 자신을 안심시킵니다. 그래서 항상 매우 바쁜 것처럼 보이지만, 가만히 생각해 보면 정작 중요한 일을 하고 있다는 느낌은 전혀 들지 않습니다. 주변 환경을 완벽하게 꾸미려고 하는 것도, 내면의 공허함을 어떻게든지 채워 보려는 심리의 반영일 수 있습니다. 오리엔탈 카펫이 깔린 거실, 하얀 소파 위에 놓인 실크 쿠션, 냉장고에 가득한 제대로 된 유기농 식품들, 시선을 사로잡는 감동적인 예술 작품들, 몇 번 신어 보지도 않은 디자이너 신발들… 일렬로 늘어선 신발들은 보기만 해도 너무나 절묘하고 아름다워 그 신발의 주인으로서 저절로 자부심을 갖게 됩니다.

부와 명예를 누리는 사람들은 날이 갈수록 늘어나는데, 상담사와 심리치유사를 찾는 사람들 또한 급격하게 많아지는 것은 왜일까요? 누군가 자신의 문제를 속시원히 해결해 주기를 바라며 의사나 성직자, 소위 전문가들을 찾아다니지만, 근본적으로 달라지는 것은 없습니다. 비가 주룩주룩 내리는 일요일 오후, 주위에 아무도 없고 특별히 해야 할 일도 없어 소파에 몸을 웅크리고 앉아 있노라면, 희미하지만 뭔가 가슴에 메아리치는 소리가 있습니다. "나의 평화는 어디로 가 버렸을까? 그동안 열심히 살아왔고 많은 것을 이룬 것 같지만, 이 허전함은 도대체 무엇 때문일까? 조금도 보람을 느낄 수가 없는 것은 도대체 왜일까? 이만하면 모든 것을 다 갖추었다고 할 수 있는데도 여전히 뭔가 부족한 것 같은 것은 도대체 왜일까? 무엇이 더 채워져야 한단 말인가? 세상 사람들은 나에게 그만하면 행복의 조건을 다 갖추었다고들 하지만, 나는 솔직히 허전하고 외롭다."

급기야는 자살 충동에 시달리기도 합니다. 당뇨나 고혈압 같은
생활습관병으로 고생할 수도 있고, 결혼의 위기나 실패를 경험할
수도 있습니다. 재정적 어려움을 견뎌내야 할지도 모릅니다. 어쩌면
세상이 가리켜 보이는 '삶을 위한 처방전'을 채우는 데 그리 멀지
않은 지점에 이미 도착해 있을 수도 있습니다. 좋은 학교를 졸업하고,
부모님을 기쁘게 하는 학위를 받고, 연봉이 높은 직장에 취직도
하고, 남 보기에 잘 어울리는 파트너도 찾았습니다. 그럼에도 중요한
뭔가가 빠진 것 같습니다. 그동안 내내 이것저것 신경 써가며 팔
걷어붙이고 부지런히 일했습니다. 행복을 위해서 고분고분 세상이
요구하는 모든 것을 다 했습니다. 그런데 도대체 무엇을 빠뜨린
것일까요?

이런저런 조건을 갖추기만 하면 행복은 보장될 것이라고 하던
세상 사람들의 약속이나 다짐은 그러나 날이 갈수록 더욱 더
거짓임이 자명해져 가는 것 같습니다. 그럼에도 불구하고, 그런
다짐이나 약속을 거부하기란 쉽지 않습니다. 그것을 믿고
달려왔는데, 이제 와서 어쩌란 말입니까? 그동안 내내 믿어왔던
것을 단번에 무너뜨릴 수는 없는 일입니다. 나뿐만 아니라 세상
사람들 모두가 그렇게 믿고 있는데, 그렇다면 모두가 다 속고 있단
말입니까? 서로가 서로를 속이고 있단 말인가요? 그럴 리는 없지

않습니까? 혼란스럽기는 하지만, 마음 깊은 곳에서는 내가 아직 미치지 않은 어딘가에 더 많은 것이 있다는 것을 알고 있습니다. 세상 사람들 거의 전부가 사실은 불완전함 속에서 허우적거리며 진리에, 참 실상에 굶주리고 있습니다. 당신은 아마도 당신의 평화와 안전에 대한 암시, 아니 어쩌면 그보다 더 큰 무엇인가가 가능할 수도 있다는 것을 어렴풋이나마 눈치채고 있을지도 모릅니다.

그렇습니다. 당신이 옳습니다. 진정한 평화, 기쁨, 성취는 실제로 가능하지만, 그것을 드러내는 길은 아무도 예상할 수 없는 길이며, 대부분의 사람들에게 불합리하고 모순되게 보이는 길입니다. 당신이 진정성으로 돌아가기만 하면, 그 길은 내면으로부터 솟아날 것입니다. 그 길은 당신이 인간으로 존재한다는 것의 의미를 재정의할 때, 그리고 이것이 가장 중요합니다만, 내가 당신의 핵심 상처라고 부르는 '당신 자신이 무가치하다는 당신의 인식'을 치유할 때, 자연스럽게 드러날 것입니다.

**진정한 평화, 기쁨, 성취는 실제로 가능하지만,
그것을 드러내는 길은 아무도 예상할 수 없는 길이며,
대부분의 사람들에게 불합리하고 모순되게 보이는 길입니다.**

알다시피, 당신과 당신 자신의 관계는 당신이 이 인생에서 맡은 역할과 그 역할에 대한 다른 사람들의 반응을 토대로 삼습니다. 그러나 당신이 맡아 온 역할은 진정한 당신이 아닙니다. 그것은 단지 당신의 겉모습에 지나지 않습니다. 눈부시게 빛나는 당신이라는 존재의, 안개 자욱하게 낀 가공된 버전일 뿐입니다. 진정한 당신을 깨끗하고 밝은 태양 광선이라고 한다면, 당신의 역할로 규정된 당신의 겉모습은 희미한 형광등과도 같습니다. 그것이 '나쁘다'는 것이 아닙니다. 역할로써 당신을 규정하는 것이야말로 당신의 삶에 한계와 불통不通의 근원이라는 이야기입니다. 당신은 성취와 소속감을 추구한 나머지 당신의 겉모습을 창조해 왔지만, 마음 깊은 곳에서는 사랑과 연결, 하나됨에 대한 강렬한 열망이 자리잡고 있었습니다.

당신의 겉모습은, 대부분의 경우, 당신이 들은 말들과 당신이 믿도록 조건 지어져 온 것들에 의해, 주로 언어라는 매체를 통해 시간이 지남에 따라 형성되었습니다. 부모, 교사, 종교 및 사회가 반복적으로 전달하는 그 언어는 광대하고 복잡하고 눈에 보이지 않는 구조를 형성합니다. 이번 생에서 당신이 해야 할 역할에 대한 대본은 이런 말들로 짜여집니다. "넌 충분히 똑똑하지 않아." "넌 해내지 못할 거야." "넌 남보다 두 배로 하지 않으면 따라가지 못할 거야." "그런 것을 먹으면 안 돼. 살을 찌게 한다고."

흔히 하는 이런 말들도 우리를 세뇌시킵니다. "강한 자만이 살아남는다." "인생은 투쟁의 연속이다." "그런 일이 우리 같은 사람에게 일어날 리 없어." "나무 밑에서 입 벌리고 있다고 돈이 떨어지냐?" "천국 가려면 바르게 처신해야 해. 나쁜 짓 하면 지옥에 떨어지게 돼."

긍정적으로 보이는 문구조차도 사실은 우리를 있는 그대로 살지 못하게 합니다. "넌 정말 사랑스럽고 말없고 예의바른 아이야. 반드시 멋진 ……가 될 수 있을 거야." "넌 규칙을 잘 지키는 착한 아이야. 반드시 당신은 멋진 ……가 될 수 있을 거야."

이런 말들을 반복적으로 들음으로써, 우리는 시간이 지남에 따라 점점 더 조건화된 인생을 살게 됩니다. 그것들이 바로 오늘의 우리 자신을 결정하고, 우리의 사고방식을 결정합니다. 우리가 세상을 어떤 식으로 살아가는지를 결정합니다. 모든 말들과 말투, 우리를 위한답시고 설정된 일련의 매개변수가 우리의 에고 구조를 이루는 벽돌들이고, 이 벽돌들은 두려움의 모르타르에 의해 단단하게 결합됩니다.

우리는 계속해서 다른 사람들에게 더 멋지게 보이려고 애쓰면서 자신의 체면을 유지하려고 합니다. 하지만 우리의 참자아를 무시하고 참자아로부터 분리된 채 무지의 삶을 살게 되면, 필연적으로 '나는 무가치하다'는 느낌이 생겨나게 됩니다. 우리는 부모, 교사, 사회를 존중하려고 애쓰고, 그들이 우리에게 말한 것을 신뢰하고 믿기를 원합니다. 그러나 속 깊은 곳에서는 그것을 거부하고자 하는 무언가가 도사리고 있습니다. 슬픔, 불안, 걱정, 두려움이 똬리를 틀고 있습니다. 그 불안함, 그 미묘한 불만을 섬세하게 살펴보십시오. 그 소리를 들어보십시오. 그것은 이제 그만 변화하라는 신호이고, 깨어나라는 나팔소리입니다.

그러나 서구에서의 변혁은 겉모습을 위주로 하는 삶에서 벗어나기보다는 겉모습 위주의 삶을 보강하거나 개선하는 것에 치중되어 왔습니다. 자기 존중심을 단단하게 세우는 것을 중시하고, 몸과 마음에 지나치게 집중하는 경향이 있습니다. 진정한 힘은 영혼에 있는데도, 영혼에 초점을 맞추는 경우는 거의 없습니다. 그 결과 '영적' 수행을 하려고 들어도, 자신의 존재 상태와 관심사 등에서 강력한 변화를 경험하지 못합니다. 명상을 하고, 만트라를 암송하고, 요가를 하고, 영성을 위한 수업에 참여합니다. 3개월 동안 아쉬람이나 피정 센터 등에서 지내기도 합니다. 변화를 창조하고자 시간과 돈을 들여 애쓰고, 참자아를 깨달았다는 성취감을 경험하기도 하지만, 그것 또한 겉모습을 더욱 더 정교하게 다듬는 일에 지나지 않는 경우가 적지 않습니다.

영적 수행에 참여하고자 하는 사람은 대체로 두 가지 이유에서입니다. '나는 충분하지 않다'는 잘못된 믿음에서 평생

동안 만들어 온, 거짓되고 조작된 두려움 기반의 자아를 해체하고 영혼과 참 실상에 더 가까이 다가가려는 의도를 가진 사람들이 있는가 하면, 어떤 식으로든 자기의 에고를 더욱 더 강화하려는 의도를 가진 사람들도 있습니다. 뭔가 더 멋져 보이기 위해, 인정받고 승인받기 위해, 또는 도덕적으로 우월하다고 느끼기 위해, 영적 수행 프로그램에 참여하는 사람들도 적지 않습니다.

자신의 영혼을 만나고자 하는 의도를 가진 사람은, 겉모습에 치중해 온 자신의 실상을 깨닫고 뉘우치면서 진정한 평화로 충전될 가능성이 높습니다. 거기에 도달하려면, '영적인' 사람처럼 보임으로써, 혹은 주변 사람들이나 사회의 칭찬을 받음으로써 에고적인 만족감을 얻고 싶어 하는 자신의 욕심을 읽어내고, 그 욕심을 내려놓아야 합니다. 신과 하나 되겠다는 마음이 자신의 유일하고도 진정한 열망이 될 때까지, 자신의 내면을 깊이 파고들어야 합니다. 신과 하나 되겠다는 바람은, 우리의 마음 깊숙한 곳에 자리 잡은 빛나는 황금 씨앗과도 같으며, 그 씨앗이 발견되어 자리를 잡기만 하면, 그것은 우리의 삶에서 아름다움과 힘, 그리고 영원한 충만감으로 꽃을 피울 수 있습니다.

언제까지나 겉모습 위주로 살 수는 없는 일입니다. 자신의 이미지를 더 아름답게 만드는 데에, 혹은 성공적인 사람으로 비치는 데에 열정을 쏟든, 그렇지 않으면 다른 사람들이 위협적으로 느끼지 않도록 그냥 평범하고 수수한 사람으로 사는 데에 집중하든, 겉모습 위주의 삶에서는 정말로 지속적인 가치를 갖는 것은 아무것도 없다는 것을 결국엔 깨닫게 될 것이기 때문입니다. 어느 쪽이든 그런 역할극을 아무리 잘한다고 할지라도 우리가 통제할 수 없는 것은, 우리 자신의 겉모습에 대한 다른 사람들의 반응입니다. 200명의 사람들이 그렇게 창조된 자아를 좋아하고 상찬할 수 있지만, 그렇게 하지 않은 사람이 단 두 명뿐이라 할지라도, 아무렇지 않은 척하려고 할수록 그들에게 거부당했다는 슬픔의 감정은 더 악화되기 마련입니다.

게다가, 겉모습은 진실하지 않고 사실이 아닙니다. 우리는 하나됨과 사랑에 대한 원초적인 갈망에서 열심히 역할극을 하지만, 우리가 추구하는 하나됨과 사랑의 경험은 다른 사람들의 인정을 통해서는 올 수 없습니다. 그것은 오직 우리 안에 있는 신성의 알아차림을 통해서만 올 수 있습니다. 자기 자신에 대한 진정한 가치와 수용은, 우리가 우리 자신의 영혼에 뿌리내릴 때에만 가능합니다.

자기 자신에 대한 진정한 가치와 수용은,
우리가 우리 자신의 영혼에 뿌리내릴 때에만 가능합니다.

누구나 가치 있는 인간이 되고 싶어 하고, 인정과 사랑을 받고 싶어 합니다. 소속감을 찾고 구하는 것은 바로 그 때문입니다. 이 세상이 생긴 이래로, 사랑을 갈구하는 외침 소리는 모든 대륙, 모든 대양을 가로질러 울려 퍼져 왔습니다. 우리가 느끼는 공허감은 소속감에 대한 필요가 곧 연결되고 싶다는, 하나이고 싶다는, 진실한 나를 살고 싶다는 열망임을 알려주는 촉매이자, 웨이크업 콜이며, 방아쇠입니다. 그 과정은, 우리가 만든 '창조된 자아'가 환상에 지나지 않음을 알아차리고, 진리는 참자아 안에 살고 있음을 더 많이 인식하기 시작할 때에야 비로소 시작됩니다.

2

틈새에서 피어나는 꽃

1957년, 태국의 한 수도원이 이전을 앞두고 있었습니다. 한 무리의 승려가 거대한 진흙 부처를 옮기는 임무를 맡았습니다. 세심한 주의가 필요한 일이었습니다. 불상을 옮길 준비를 하고 있을 때, 그들 중 한 명이 불상에 금이 가 있는 것을 발견했습니다. 더 큰 손상이 생기게 될까 봐 그들은 하루를 기다렸다가 작업을 계속하기로 했습니다. 얼마 후에, 한 스님이 자세히 살펴보기 위해 틈새로 손전등을 비추어 보았습니다. 놀랍게도, 그 스님은 틈새에서 반짝이는 순금 조각을 발견했습니다. 망치와 끌을 들고 조심스레 두드리기 시작했는데, 어떤 결과가 나올지는 아무것도 확신할 수가 없었습니다. 오랜 시간의 공든 작업 끝에, 오래된 진흙층이 부서져

내리면서 부처의 아름다운 본래 모습이 완전히 드러났습니다. 그 승려 앞에는 순금의 불상이 서 있었습니다.

역사가들은 수백 년 전에 버마 군대의 임박한 공격으로부터 불상을 보호하기 위해 진흙 층으로 덮는 작업을 했다고 믿습니다. 수백 년이 지난 후에야 이 위대한 보물이 원래의 장엄함을 회복하게 된 것입니다. 빛나는 금불상은 항상 거기에 있어 왔지만, 보호막에 가려져 진흙 불상으로 여겨져 왔다가 보호막이 균열됨으로써 비로소 전체 모습이 다시 드러나게 된 것입니다. 불상이 드러나게 된 것은 보이지 않는 섭리에 의해, '은총'이라고 할 수밖에 없는 힘에 의해 촉진된 셈입니다.

'은총'은 신비를 드러내는 계시의 원동력이 되어줍니다. 은총은 우리의 참자아에 대한 인식의 가능성과 확장을 창조하는 신성한 에너지입니다. 어떠한 상황이든, 은총이 있습니다. 은총은 무수히 많은 형태로 나타납니다. 영화관에 줄을 서거나, 우는 아기를 달래거나, 사랑하는 사람의 죽음을 애도하거나, 결혼이나 이혼의 불가피한 인생의 굴곡 가운데에 있더라도, 참자아를 드러내는 계시의 힘은 항상 존재합니다.

은총은 특히 동시성을 좋아합니다. 수도원의 승려들은 진흙의 균열에서 은총을 경험했습니다. 실제로, 모든 생명의 근원 에너지인 '신 의식Divine Consciousness'이 우리에게 영향을 미치려면, 두려움에 기반한 껍질에 균열이 생겨야 합니다. 그래야 비로소 우리의 핵심에 자리한 '신성한 본질 Divine Essence'이 드러날 수 있습니다. '신의식'을 바다로, 당신의 '신성한 본질'을 한 방울의 물로 생각해 보십시오. 안에 있는 것이 바깥에 있는 것이고, 바깥에 있는 것이 안에 있는 것입니다. 이 균열은 깨어남의 시작입니다. 그것은 한 방울의 물로 하여금 다시 바다와 합쳐지게 하는 촉매입니다. 은총이 우리의 삶에 부드럽게, 숭고하게, 깊게 스며들게 하는 것은, '여는 일'입니다. 그러나 우리는 우리로 하여금 닫힌 것을 열게 하는 우연한 사고의 중요성을 간과하곤 합니다.

영적 각성은 어떤 위기, 즉 자아에 대한 환상의 두꺼운 층이 잘려 나가는 일에서부터 시작될 때가 적지 않습니다. 누군가가 떠나고, 심각한 병에 걸리고, 가장 친한 친구와 다툼과 불화가 생깁니다. 약물이나 게임이나 섹스에 중독되어 헤매는 경우도 있습니다. 가진 돈을 다 잃고 파산하는 일이 생기기도 합니다. 그렇게 한껏 쪼그라든 상태에서 외적인 어둠을 경험하던 중에, 내면의 눈이 떠져서 잠에서 깨어납니다. 그렇게 깨어나 보면, 혼돈과 한계 속에서 볼 수 없었던 초월적인 아름다움과 기쁨이 솟아오르듯이 나타납니다. 그동안 닫혀 있는 문이 열린 것처럼 해방감을 느끼고, 안도하며, 진실을 흘깃이나마 보게 되는 인식의 대전환이 찾아오게 됩니다. 새로운 눈과 열린 마음으로 인생을 다시 보기 시작합니다.

**영적 각성은
어떤 위기, 즉 자아에 대한 환상의 두꺼운 층이
잘려 나가는 일에서부터 시작될 때가 적지 않습니다.**

우리는 때로 우리의 에고 구조에 균열을 경험함으로써 우리의 신성한 본질을 보게 되는 행운을 누리지만, 균열이 생겨도 대개는 무시하고 지나가 버립니다. 균열된 틈새를 들여다보고 싶어 하지 않습니다. 그렇게 하는 것이 불편하기 때문이지요. TV에 열중하고, 자기 자신이나 다른 사람의 인생 드라마, 혹은 온라인 쇼핑 같은 것들로 관심을 돌려 버립니다. 균열된 틈새로부터 주의를 돌리게 할 뭔가 다른 것들을 찾는 것입니다.

하지만 "도대체 이게 뭐지?" 하고 틈새를 들여다보고 싶어 하는 마음이 생길 때가 옵니다. 틈새 안에 있는 것, 그것은 우리 자신의 신비입니다. 미지의 것처럼 보이는 것, 곧 우리 자신의 참자아를 탐구하기 위해서는 그만큼 용기를 내야 합니다. 영성을 추구하는 마음이야말로, 은총의 문을 열어주는 촉매입니다.

당신이라는 존재의 깊이는 너무나 심대합니다. 측량할 수 없을 정도로 강력하고, 당신은 그것을 끊임없이 드러내고 있습니다. 참자아는 의식이고, 관찰자이고, 증인입니다. 당신의 보편적인 영혼적 측면은 시간과 공간을 넘어 모든 방향으로 무한대로 뻗어 있습니다. 당신의 신성, 당신의 빛은 당신이 지금껏 쌓아온 조건화와 상처에 의해 당신이 알아차리지 못하도록 감추어져 왔습니다. 그 결과 당신은 참자아로부터 분리된 인생을 살아온 것입니다. 나는 당신이 어떻게 그렇게 분리된 상태로 살게 되었는지, 어떻게 그렇게 '온전한 하나임'의 상태에서 '상처 받기 쉬운 상태'로 옮겨갔는지, 그것을 깨닫게 해줄 각성의 여정으로 당신을 초대하고 있습니다. 그리하여 나는 당신에게 당신의 본질에 대한 기억을 되살아나게 하고, 활짝 밝은 존재 상태로 돌아갈 가능성을 보여주고자 합니다.

당신이라는 존재의 깊이는 너무나 심대합니다.
측량할 수 없을 정도로 강력하고,
당신은 그것을 끊임없이 드러내고 있습니다.

참자아를 아는 일은 외모나 IQ에 관한 것이 아닙니다. 그것은 당신의 못 말리는 성격이나 얼마나 해외여행을 많이 했는지, 당신이 어떤 학위를 취득했는지, 얼마나 많은 돈을 벌었는지에 대한 것이 아닙니다. 당신의 자선 활동이나 명상, 기도 시간에 관한 것이 아닙니다. 당신이 낳은 아이들에 대한 이야기도 아닙니다. 참자아는 아무것도 잃을 것이 없고, 손상될 수도 없습니다. 획득될 수 있는 것도 아닙니다. 참자아는 이 세상에서 신이 유일하게 자신을 표현하는 영원한 프리즘입니다. 참자아 안에서 사는 사람은 온전한 충만감과 영원한 평화를 누릴 수 있습니다.

하루 종일 비좁은 곳에 갇혀 있다가 신선한 공기를 들이마시는 일이나 무더운 한여름 오후에 시원한 물을 한 잔 마시는 일에서도 우리는 작은 평화와 성취감을 경험할 수 있습니다. 그러나 참자아를 알고 그 안에서 사는 일은, 일시적이고 사소한 그런 안도감과는 비교할 수 없습니다. 우리의 참자아 안에는 모든 것을 두루 다 포함하는 가능성이 놓여 있습니다. 참자아 안에서 산다는 것은 모든 것을 다 갖는 것과 같습니다.

여기에서 내가 말하는 '모든 것'이란 물질적 안락함이나 성취 그 이상을 의미합니다. 온전함의 회복, '신 의식'과 하나됨 안에서 당신이 본래 그렇게 존재하기로 되어 있는 '평화에로의 복귀'를 의미합니다. 이렇게 회복된 사람은, 인간으로 존재한다는 것의 의미를 재정의하게 됩니다. 의식의 빛은 우리 몸의 모든 세포들 안에서 살고 있는 꾸며진 이야기들, 거짓된 정체성, 무의식적인 패턴, 해묵은 상처로 남아 있는 기억들을 제거해 줍니다. 그것은 또한 당신의 깊은 곳에서 솟구치는 슬픔, 두려움, 분노를 녹여줍니다.

우리는 인간이라는 의미를 고통과 한계, 두려움 속에서 살 수밖에 없는 존재로 정의하는 거짓된 이야기에 세뇌되어 살아왔습니다. 저마다 다 혼자인 세상에서 분리되어 있다는 느낌과 함께 인간관계와 물질적 소유, 성취를 통해 자신을 채우기 위해 끝없이 투쟁하지 않으면 안 된다고 배워 왔습니다. 그런 세뇌로 인해, 죽도록 애쓰지 않으면 먹고 살기도 힘들다는 팍팍함 속에서 웬지 희생당하고 있는 것 같은 느낌, 내가 인생을 살고 있는 것이 아니라 뭔가 알 수 없는 힘에 의해 끌려가고 있는 것 같은 무력감에 젖어 살아왔습니다. 이 모든 것이 불만족으로 이어집니다. 뭔가로 나를 채우지 않으면 안 된다는 만성적인 허기증을 앓게 됩니다.

이런 불만과 허기증은 교묘하게도 우리들 인생의 배후에 마치 희미한 냄새처럼 깔려 있어서, 알아차리지도 못하는 사이에 그런 냄새를 당연한 것으로 여기게까지 되고 맙니다. 레스토랑에 가서도 다른 사람들이 주문한 음식을 흘낏거리며 어떤 맛일지 궁금해하며, 배우자와 함께 온전히 식사를 음미하고 즐기기보다는 식사 시간을 산만하게 보내버립니다.

친한 친구가 유명한 명상 지도자의 수업을 듣고 거기에 열광하면,

자기 자신도 '친구 따라 강남 가는' 식으로 자신의 수업을 그만두고 친구와 함께 그 명상 수업을 듣지만, 친구가 경험했다는 그런 경지를 자신은 맛볼 수가 없어서 실망하는 경우도 적지 않습니다. 의식을 확장하는 데에 전념해야 하는데도 불구하고, 내가 과연 잘하고 있는지 조바심을 치고 남들과 비교하느라 명상 수업을 따라가지 못하고 맙니다.

친구의 생일 파티를 위해 옷을 사놓고 나서도, 과연 잘 샀는지 요리조리 헤아리곤 합니다. 이게 과연 맞는 색깔인가? 너무 튀는 것은 아닌가? 너무 꽉 조이는 것은 아닌가? 너무 비싸게 주고 산 것은 아닐까? 더 많이 살펴보고 샀어야 했던 것은 아닌가? 어떻게든 다른 사람들에게 좋은 인상을 주고 싶어서 너도나도 쇼핑에 분주합니다. 맘에 들지 않는다고 반품하고, 다시 또 사들이는 일에 몰두합니다. 우리 모두는 자신이 '눈이 높다'고 말함으로써 그런 쇼핑을 정당화하지만, 진실은 우리가 외부적인 편안함과 확신, 만족, 그리고 자기 가치를 생산해내기 위해 애쓴다는 것입니다.

겉거죽의 살림살이에 애쓰다 보면, 인간관계 또한 상대성의 원리조차 파악하지 못하게 되어 문제를 일으키게 마련입니다. 친구는 파트너를 만난 지 2년째 되는 날 약혼반지를 받았는데도, 자신의 파트너는 같은 시간 동안 데이트를 했음에도 불구하고 미래를 약속하지 않은 채로 있다면, 그 사람은 파트너가 큰 잘못이라도 저지른 것처럼 탓하고, 급기야는 파트너를 잘못 선택했다는 판단까지 내리고 맙니다. 자신이 파트너 선택에 실패했다고 믿고는, 누군가 더 나은 사람이 나타나야 한다는 확신을 갖기에 이릅니다.

어찌어찌 결혼하게 된다고 해도 결혼 생활이 순탄하지 않게 되고, 더 나아가서는 배우자가 바람을 피우는 일에 직면하기도 합니다. 그동안 가정을 일구느라 힘들게 보냈던 나날들이 허무하게 무너지는 듯하지만, 바람을 피우는 배우자는 지난 세월을 비웃기라도 하듯 더 행복해 보입니다. 누가 누구를 속인 것일까요? 이 시나리오는 도대체 누가 만든 것일까요? 후회가 없진 않지만, 되짚어 복기를 해보아도 여전히 같은 길을 걸었을 수밖에 다른 길이 없었을 것 같습니다. 결국엔 이혼을 고려하기 시작합니다. 흙탕물 속을 함께 뒹굴며 자기 자신까지 더럽힐 수는 없기 때문입니다.

진정성의 회복만이 이러한 모든 마인드 게임에 종지부를 찍을 수 있습니다. 우리 모두는 역할극을 하고 있을 뿐, 참자아는 더럽혀질 수 없다는 것을 깨닫게 될 때 되찾게 되는 평화는, 어떠한 외부 요인과도 무관합니다. 당신이 당신의 참자아를 구현하면서 살고 있을 때에는, 당신이 어떤 시나리오를 선택하든 다 옳은 선택이 됩니다. 불만이나 불확실성의 여지는 조금도 남지 않게 됩니다.

깊은 연결성과 심오한 연대의 에너지가 당신의 일상생활에 스며듭니다. 당신은 다양한 형태의 삶에 경외감을 느끼며, 더 강력하고 더 지고한 내적 플랫폼 위에 서게 됩니다. 한 줄기 봄바람에도 떨어져 버리고 마는 죽은 잎사귀처럼 모든 불만이 흩어져 사라집니다.

당신이 당신의 참자아를 구현하면서 살고 있을 때에는,
당신이 어떤 시나리오를 선택하든
다 옳은 선택이 됩니다.

그동안 내내 가짜의 살림살이에 열심을 부려왔던 것을 알아차리고 진정성이 회복되면, 그동안 당연하게 여겨져 왔던 사소한 일상 속에서도 기쁨과 감사하는 마음이 다시 살아납니다. 사랑하는 사람의 얼굴을 볼 수 있는 눈이 있어 감사하고, 자녀의 웃음소리를 들을 수 있는 귀가 있어 감사하고, 새벽 공기를 가르고 조깅을 할 수 있는 다리가 있어 감사합니다. 한시도 쉬지 않고 호흡을 가능하게 해주는 폐가 있어 감사한 마음에, 깊이 깊이 숨을 들이마시고 내쉬어 봅니다. 무한한 가능성이 열려 있다는 자각에 지금 이 순간이 훨씬 더 광활하게 인식됩니다. 지나가는 낯선 사람들도 웬지 정겨워지고, 긴 하루가 끝나면 좋아하는 노래를 음미하면서 듣습니다. 하루를 돌아보면서 일기를 쓰는 시간도 더 소중해지고, 하늘과 바람과 풀과 나무 들이 훨씬 친밀하게 느껴집니다. 만물이 다 신성하게 여겨지고, 풀잎 하나, 꽃 한 송이에도 거기에 깃들어 있는 지고한 힘을 가만히 느껴 봅니다.

인간으로서 참하게 존재한다는 것은 기쁨, 풍요, 평화, 사랑, 성취의 속성을 당신의 의식적인 경험 안에 유지하고 간직하는 일입니다. 우주와 하나임을 알고 느끼는 일이며, 당신 주변 세계의 힘과 그 흐름에 하나되어 사는 것입니다. 이 모든 것이 당신의 타고난 권리입니다. 이것이 진정한 가능성입니다.

어둠으로 가득 찬 방이 있고 그 공간이 불편할 때, 첫 번째 반응은 그것에 저항하거나 통제하려고 시도하는 것입니다. 그것이 효과가 없을 때, 다음 반응은 그것을 밀어내는 것인데, 이것은 물리적으로 불가능합니다. 그런 다음엔 협상을 시도하지만, 완전히 쓸모없는 것으로 판명이 나고 맙니다. 그것도 실패하면, 전면전이 됩니다. 그러나 어둠은 아무런 응답을 하지 않습니다. 어둠은 여전히 남아 있습니다. 이와 마찬가지로, 우리는 행복에 이르는 길이 아니라고 믿도록 조건 지어진 보이지 않는 것들과 맞서 싸우고, 그것들에 저항하고, 그것들을 통제하려고 합니다. 우리는 부적절함, 한계, 고통, 그리고 우리가 두려워하는 모든 것과 싸웁니다. 그러나 싸움은 결코 평화를 가져다주지 않습니다.

우리 모두는 사랑받고 싶어 하고, 인정받고 싶어 하고, 가치 있는 사람이 되고 싶어 합니다. 그래서 조건화된 삶에 길들여져서 우리의 참자아를 가리고 가면을 쓰고 살아가는 것을 당연하게 여깁니다. 우리는 세상을 나와 너, 우리와 그들, 친구와 적, 옳고 그름으로 나누어 보면서 분리된 삶을 살고 있습니다. 우리는 우리의 가치를 알아보도록 세상을 조종하지 않으면 안 된다는 듯이, 특정한 사람들에게 특정한 방식으로 보이기 위해 많은 시간과 공을 들입니다. 우리는 참한 사람이 되어야 한다고 배워 왔고, 자신이 그렇게 '참한' 사람이라고 믿습니다. 과연 그럴까요? 겉거죽만 잘 닦인 것은 아닐까요? 우리는 과거와 미래 속에서 살고 있습니다. 겉으로는 웃고 있어도 속으로는 앓고 있게 마련이어서, 그런 고통에서 벗어나기 위해 알코올, 마약, 도박, 섹스, 소셜 미디어 등으로 자신의 주의를 분산시키려고 애씁니다. 그래도 슬픔은 차츰 자라기 시작합니다. 그래서 치료를 받기 시작하고, 자기계발서를 읽고, 수많은 세미나와 수련회에 참석합니다. 일시적으로 안도감을 느끼지만, 결국 어둠이 다시 에워쌉니다. 아무리 애써도 그런 노력에 비해 거의 잔인할 정도로 아무런 효과가 없는 것은 도대체 어째서일까요?

어떻게 해야 어둠을 없앨 수 있을까요? 일 초면 충분합니다.

빛을 켜는 것. 참자아의 진정한 빛을 알아차리고, 그동안 가리고 있었던 차단막들을 치우는 것. 그러기 위해서는 외부 세계의 부조화와 불협화음에서 주의를 돌려 내면의 모든 것을 의식하기 시작해야 합니다. 불편함과 불일치, 당신으로 하여금 달아나거나 숨고 싶게 만드는 내면의 상태를 먼저 알아차리지 않으면 안 됩니다.

그 승려가 불상의 균열된 틈새에 손전등을 비추었듯이, 당신은 당신의 느낌, 생각, 동기에 인지의 빛을 비출 수 있습니다. 당신은 당신이 무엇으로부터 도망치고, 밀어내고, 저항해 왔는지를 알아차리기 시작합니다. 당신은 자신의 외부로부터 만족감을 끌어내려고 애쓰는 일은 이제 더 이상 하지 않게 됩니다. 눈먼 상태로 연기를 계속하는 일을 멈추고, 이제는 대본의 본질을 묻기 시작합니다. 당신의 자각이 증가함에 따라, 진흙층이 부서져내리고 당신이라는 존재의 빛이 환한 대낮에 진짜 순금으로 드러납니다.

당신이 쫓아내고자 하는 어둠은 '분리'입니다. 그동안 당신의 분리감과 고립감은 참자아를 잊은 데서, 진정한 당신을 가린 데서, 날조된 자아 안에서 사는 데서 온 것입니다. 당신이 수행하는 역할극 아래에, 당신이 길들여져 온 어둠 아래에, 당신이 느끼는 슬픔 아래에, 당신 자신의 신성한 빛이 자리하고 있습니다. 그 빛, 그 삼매 속에 사는 것이야말로 진정한 당신을 밝히는 길이고, 그것이 당신의 참된 가능성이요 당신의 인생을 진정으로 보장받는 길입니다. 불이 켜지면 어둠은 증발합니다. 싸워서 이기는 것이 아닙니다. 어둠을 바꾸는 일도 아니요, 고장난 것을 고치는 일도 아닙니다. 당신은 있는 그대로 충분합니다.

빛을 밝히고, 어둠을 몰아내십시오.

3

조건화

우리 중 누구도 기꺼이 어둠을 선택하는 사람은 없습니다. 우리가 진심에서 우러나온 삶을 살지 않고 거짓된 삶을 살게 된 까닭은, 우리의 경험 때문입니다. 조건화된 삶과 상처 때문에 진실을 외면하며 사는 삶에 길들여져 온 것입니다.

누구나 순수했던 어린 시절을 기억할 수 있을 것입니다. 어른이 되면 그렇게 단순하고 장난스럽고 자유로웠던 그 시절을 그리워합니다. 우리 자신 외에는 어느 누구도 우리를 압박하는 사람이 없었습니다. 어린 시절에는 다른 사람들이 자신을 어떻게 생각하는지에 대해 신경쓰지 않습니다. 당신은 당신과 당신의 친구 사이의 차이점을 알지 못했습니다. 그 시절의 삶에는 단순하고,

무한하며, 진정성 있고, 자연스러운 기쁨이 있게 마련입니다.

인생의 이 단계에서, 우리는 시간 개념 없이 몇 시간 동안이나 공원에서 실컷 놀곤 합니다. 해변에 모래성을 쌓고 그것이 파도에 씻겨 나가는 것을 지켜보기도 하고, 풀밭에서 뒹굴기도 합니다. 누군가 발가락을 꼼지락거리기만 해도 킥킥거리며 크게 웃습니다. 모든 것이 다 자유스럽습니다. 자신만의 가상 세계에서 발레리나를 꿈꾸기도 하고, 슈퍼히어로나 카우보이가 된 자신의 모습을 상상하기도 합니다. 단순한 삶 속에 사랑, 평화, 호기심, 발견, 충만감이 넘쳐흐릅니다.

그러던 어느 날, 실수로 거실 창문을 깨뜨리고 맙니다. 아버지가 달려와서 소리칩니다. 처음으로 꾸중을 듣고, '못된 아이'라는 말을 듣습니다. 당신은 두려움을 경험합니다. 수치심을 느낍니다. 안전의 울타리가 한 순간에 무너지고 맙니다. 그때부터 당신은 그 무엇보다도 아버지의 사랑과 인정을 간절히 원하게 됩니다.

어느 날엔 같은 반 친구의 생일 파티에 초대를 받지 못하는 일을 경험합니다. 몇몇 친구들은 기대와 설렘으로 그것에 대해 이야기를 주고받습니다. 엄마가 읽어주던 책에 나오는 '미운 오리 새끼'처럼 혼자 외로이 소외된 느낌이고, 혼란스럽습니다. 월요일 아침이 되자, 다른 몇몇 아이들이 생일 파티에서 있었던 일들에 대해 이야기하는 것을 우연히 듣게 됩니다. 뭔지 알 수 없는 감정이 가슴 아래쪽에서 타오르더니 목구멍으로 덩어리처럼 올라옵니다. 눈물처럼 짜고 씁쓸한 맛이 납니다. 열심히 삼키는 법을 배웁니다. 당신은 필사적으로 적응하기를 원합니다. 다른 아이들에게 따돌림 당하는 일은, 정말이지, 피하고 싶습니다.

부모님은 행복하지 않습니다. 싸우는 일이 점점 많아집니다. 엄마의 슬픔이 나 자신의 슬픔처럼 느껴집니다. 마음에 상처를 주는 말들이 화살처럼 허공을 날아다닙니다. 엄마 아빠는 아마도 이혼을 할 것 같습니다. 그 모든 것이 어쩐지 나 자신의 잘못 때문인 것만 같습니다. 두려움과 죄책감이 독사처럼 작은 몸을 휘감습니다. 당신은 필사적으로 사랑받고 싶어 합니다. 다시 안전함을 느끼고 싶어 합니다.

정말이지, '좋은 아이'가 되고 싶습니다. 아니, '좋은 아이'에서 더 나아가 '완벽한 아이'가 되고 싶습니다. 부모님을 기쁘게 하고 싶고, 선생님을 기쁘게 하고 싶습니다. 작은 몸을 휘감는 그 교활한 뱀을 쫓기 위해 할 수 있는 모든 일을 할 것입니다. 당신은 다른 사람들의 감정 상태에 매우 민감해져서 무엇을 말해야 하고 무엇을 말하지 말아야 하는지, 언제 떠나야 하고 언제 머물러야 하는지, 이리저리 마음 쓰는 일이 많아집니다. 어떻게든지 분란은 일으키고 싶지 않습니다.

산다는 것이 멋진 쇼를 하는 것처럼 되어 갑니다. 슬플 때는 화장실로 달려가서 웁니다. 때로는 무엇 때문인지 분노가 치밀어 오르기도 하지만, 꾹꾹 눌러 참아야 합니다. 형제자매에게 비난이라도 듣게 된다면, 결국엔 자기 혼자 벌을 받고 소외당하게 될 것입니다. 당신은 자신의 진짜 감정을 숨기는 법을 저절로 터득하게 됩니다. 어쩌다 마지못해 감정을 표현할 때가 있긴 하지만, 그것은 아주 드문 일입니다. 가짜 미소는 최고의 방어 무기 중 하나가 됩니다. 당신은 점점 더 다른 사람들의 눈치를 보기 시작합니다. 기분이 나쁠 때는 최대한 억눌러야 하고, 그것이 차츰 습관이 됩니다.

이것은 단지 감정 문제만이 아닙니다. 해결되지 않은 감정 에너지는 평화로운 마음을 뒤흔들어놓습니다. 억눌린 감정은 두려움과 근심 걱정의 시나리오를 끝없이 만들어냅니다. 끊임없는 정신적 잡담은 당신의 머릿속 독재자가 되고, 내면에서는 엄혹한 잔소리와 불평 불만이 계속됩니다. "왜 그렇게 말했어? 이제 그들은 널 좋아하지 않을 거야. 도대체 무슨 생각을 하고 있는 거야? 그들이 옳았어! 넌 바보야! 패배자야!" 내면의 잔소리는 쉬는 법이 없습니다. 당신은 다른 사람들이 무슨 말을 할지, 어떤 행동을 할지, 끝없이 걱정합니다. 당신은 현재를 살지 못하고, 언제나 과거와 미래로 탈출합니다.

당신은 자신이 죄인이며, 그러니 구원을 받아야 한다고

들었습니다. 구원받지 못하면, 매사에 조심하지 않으면, 영원히 지옥에 떨어지게 될 것이라는 말을 듣습니다. 그러나 실수와 잘못은 일어나게 마련입니다. 아침 식탁에 오렌지 주스를 쏟아서 다리와 바닥으로 흘러내리면, 엄마가 화를 내지 않던가요? 고양이에게 먹이를 주는 일을 잊어버릴 때도 있고, 숙제를 하지 않은 게 분명한데도 집에 두고 가지고 오지 않았다고 거짓말을 하기도 합니다. 죄를 생각할 때마다 이런 경험이 마음을 스쳐지나갑니다. 당신은 자신이 천국에 갈 만한 사람이 못 된다고 결론을 내립니다.

청소년 시절, 저마다 짝을 지어 춤을 추기로 되어 있는데, 당신만은 춤을 추자고 청하는 친구가 없습니다. 당신은 충분히 잘생기지도 않고, 충분히 예쁘지도 않고, 충분히 날씬하지도 않습니다. 당신은 한 해가 지나가고 새해를 맞을 때마다 올해엔 더 잘하겠다고 결심을 하곤 합니다. 여름 방학에는 더 날씬해지고, 더 매력적이고 더 재미있는 사람이 되기 위해 총력전을 벌여야겠다고 마음을 다집니다. 무슨 일이 있어도 다른 사람들의 인정과 사랑을 받아야 합니다.

정면승부가 아무래도 잘 되지 않으면, 다른 사람들의 감정에는 아랑곳하지 않은 채 비꼬고 풍자를 일삼음으로써 살아남고자 하기도 합니다. 당신은 자신이 좋아하고 필요한 것을 얻기 위해 무엇을 말해야 하고 무엇을 말하지 말아야 하는지에 대해 점점 더 민감해집니다. 생존을 위한 처세법에 점점 더 능숙해집니다. 그 모든 조작은, 결코 충분하지 않은 이 연약한 작은 존재를 보호하기 위한 것입니다.

당신은 강해 보이는 겉모습, 덮개, 껍질을 만듭니다. 사회적으로 인정받고 세상의 찬사를 받을 만한 가치가 있는 사람이 되어야 하기 때문입니다. 매일 아침이면 빛나는 갑옷을 입습니다. 그것은 피부를 화장품으로 문지르고 바르는 일에서부터 시작됩니다.

거울에 비치는 가진 것 없고, 서툴고, 나약하고, 무능해 보이는 자신의 모습을 속으로 증오합니다. 의식적이든 무의식적이든, 당신은 이 아이를 불행의 원인으로 판단합니다. 이 아이가 더 낫고, 더 강하고, 더 똑똑하고, 더 인정을 받았다면, 당신은 그렇게 고통을 받지 않았을 것입니다. 그래서 당신은 날조된 자아, 당신이 생각하기에 그렇게 하면 사랑받을 것이라고 여겨지는 겉거죽의 인생을 살기 시작합니다.

십대에는 자신의 정체성을, 섹슈얼리티를, 사회적으로 적응하는 방법을 탐색하기 시작합니다. 화장으로 여드름을 숨기고, 욕을 하기 시작합니다. 무엇보다도 당신은 그저 멋있어 보이고 참해 보이고 싶을 뿐입니다. 하지만 자신의 몸을 만지면 기분이 좋아지고, 그러면 죄책감이 듭니다. 교회에서는 섹스가 나쁘다고 말합니다. 당신은 몸을 통해서 새로운 감각을 경험하고 있기 때문에 무의식적으로 당신도 나쁜 사람이 분명하다고 추측합니다.
수치심이 스며들기 시작합니다.

고교 시절에는, 우열반이 나뉘고, 반항아나 완벽주의자로
찍히기도 합니다. 당신은 또 이런저런 역할을 맡게 됩니다. 예쁜
여자, 괴짜, 운동선수, 천재, 멋진 꼬마, 광대, 퀸카, 빈대 등등.
어쨌든, 당신은 자신이 이미 조건화의 사슬에 매이게 되었다는
것을 느끼고 반항하기 시작합니다. 그러나 "해방된" 페르소나라는
당신의 새로운 역할에서도, 당신은 여전히 구속된 느낌을 받습니다.
그것은 당신이 당신 자신과 당신의 현실에 대한 반작용과 저항
속에 있기 때문이지요.

태어난 순간부터 어린 시절, 청소년기, 십대 후반에 걸쳐 우리는
우리의 진정성과 신성한 본질로부터 점점 더 멀어지도록 조건
지어졌습니다. 우리는 영향을 받고 변형되어 다른 사람들을 기쁘게
할 수 있었습니다. 우리는 두려움, 부적절함, 결핍감 속에서 사는
법을 배우고 순응해 왔습니다. 왜냐하면 그것들이 바로 우리가
사는 세상을 지배하는 에너지이기 때문입니다. 그리하여 우리는
슬픔과 고통과 화를 감추고 사는 데에 익숙해져서, 겉보기에는
충분히 좋아 보이는 가면들을 쓰고 살아갑니다.

태어난 순간부터 어린 시절, 청소년기, 십대 후반에 걸쳐
우리는 우리의 진정성과 신성한 본질로부터
점점 더 멀어지도록 조건 지어졌습니다.

　세상 구석구석 모든 곳에, 시선이 가 닿는 곳 어디에서나, 이런
'조건화'를 볼 수 있습니다. 그것은 다른 사람들의 사랑과 인정을
받으려면 특정한 방식으로 생각하고, 보고, 말하고, 행동해야
한다고 믿게 만드는 교활한 통제 메커니즘입니다. 당신은 부모에게
인정받고 사랑받고 싶어 했지만, 그러기 위해서는 말과 행동을
이러저러하게 하지 않으면 안 된다는 조건에 시달려 왔습니다.
당신은 친구에게 인정받고 사랑받고 싶어 했지만, 그것은 당신이
까다로운 사회적 동력을 얼마나 교묘하게 잘 헤쳐 나갈 수 있느냐에
달려 있었습니다.

　당신은 종교에서 인정과 사랑을 찾았지만, 그것은 당신이 규율과
계명을 얼마나 엄밀하게 따랐는지에 대한 조건부였습니다. 당신은
직장에서 인정과 사랑을 찾았지만, 그것은 당신의 성과에 대한
조건부였습니다. 당신은 사회에서 인정과 사랑을 구했지만, 그것은

당신의 학위, 급여 수준 및 성취에 대한 조건부였습니다.

당신은 인간관계 속에서 사랑과 인정을 찾으려고 애썼습니다. 하지만 사랑과 인정을 받기가 가장 힘들고 가장 상처받기 쉬운 것이 바로 인간관계에서일 것입니다. 당신은 당신의 아름다움과 깊이를 보아줄 누군가 다른 사람을 필요로 했습니다. 하지만 그럴듯한 이성 친구를 만나도 당신은 그의 사랑을 받아들일 준비가 되어 있지 않곤 했습니다. 자신은 그럴 만한 자격을 갖추지 못했다고 믿었기 때문입니다. 당신은 자신의 불완전함을 자책하고 수치심에 사로잡히곤 했습니다.

당신은 위장의 달인, 카멜레온이 되었습니다. 당신은 사람들이 당신에게 기대하는 것이 무엇인지를 너무나 잘 알고 거기에 적응하기에 바빠, 자신의 진짜 색깔을 잊어버리기 시작했습니다. 당신의 결점, 당신이 저지른 '끔찍한' 일, 당신이 저지른 실수를 당신은 다른 사람에게 절대 보여주지 않습니다. 다른 사람들이 당신의 진짜 모습을 본다면, 당신에게 사랑을 느끼는 사람도 거두어들이고 말 것이라고 지레짐작하기 때문입니다. 당신은 계속해서 당신과 함께 인생의 춤을 출 사람들을 찾았지만, 마지막은 늘 똑같았습니다. 또 한 번의 배신, 포기, 또는 거부.

이 사회적 프로그래밍, '조건화'라는 소프트웨어는 언어입니다. 당신이 들어온, 가르침 받아온, 믿으라고 압력을 당해온, 지시받은 모든 말은 옳았고, 받아들일 만한 것이었습니다. '조건화'라는 이 소프트웨어는 고조된 감정과 결혼함으로써 더욱 힘을 키워 갑니다. 당신은 수용과 거부의 힘을 통하여 조종되는 데에 익숙해져 갑니다. 당신은 이런 생각, 저런 행동, 그런 믿음의 방식에 순응하도록 성형된 부드럽고 온유한 아이였습니다. 당신은 그런 겉모습을 만들지 않으면 안 된다는 압력을 받아왔습니다.

이러한 제어 메커니즘이 얼마나 교활한지, 구체적으로 살펴봅시다. 사회는 성에 대해 이야기할 때 격앙된 언어를 사용하고, 그러면 격앙된 정서적 반응(수치심 또는 죄책감)이 생겨납니다. 이는 아동의 마음속에 일정한 형태의 성적 순응을 형성하기 위한 것입니다. 성을 바라보는 자세가 범주 안에 들면 이 사회에 받아들여지지만, 이 매개변수를 벗어나면 실험용 쥐나 마찬가지의 취급을 받게 됩니다. 실험용 쥐가 전기 충격을 당하는 것과 가지로, 기분 나쁘게 받아들여지도록 조건화된 언어를 통해 증폭된 감정 반응을 이끌어냅니다. 그들은 말합니다. "우리가 하는 말을 정확히 따르기만 하면 우리는 너에게 축복, 보상, 수용, 사랑을 줄 것이다."

그것이 조건화이고, 사회적 공학이며, 프로그래밍입니다. 이는 단지 섹스와 관련된 것만이 아닙니다. 인생의 모든 것이 관련됩니다. 우리의 참자아를 가리고 우리로 하여금 겉모습 위주로 살게 만드는 것이 바로 이런 '조건화'입니다.

우리의 참자아를 가리고
우리로 하여금 겉모습 위주로 살게 만드는 것이
바로 '조건화'입니다.

'조건화'에 완전히 순응할 수 있는 사람은 극소수입니다.
조건화의 상자는 너무 좁고 제한적이라서, 완전히 받아들여지기
위해서는 진정한 자신을 억압하지 않으면 안 됩니다. 사회에 속하기
위해서는, 끊임없이 자기 자신을 거부해야 합니다. 우리는 옳고
그른 것에 대해 들어왔습니다. TV, 영화, 잡지, 인터넷 등 다양한
매체를 통해 성공의 의미에 대해서, 매력적인 사람이 되는 길에
대해서, 사랑이란 무엇인가에 대해서 계속적으로 들어왔습니다.

우리의 겉모습과 그 고통 아래에는 우리의 신성한 본질이 깊숙이
묻혀 있습니다. 우리는 이 세상 그 누구도, 그 무엇도 우리에게
줄 수 없는 무엇인가를 헛되이 외적으로 찾는 과정에서, 우리의
참자아를 덮어버렸고 잊어버렸습니다. 우리가 저마다 자기 자신을
받아들이지도 사랑하지도 않는다면, 누가 누구를 사랑할 수
있겠습니까?

우리가 저마다 자기 자신을
받아들이지도 사랑하지도 않는다면,
누가 누구를 사랑할 수 있겠습니까?

이제 때가 왔습니다. 결코 찾지 못할 곳에서 인정을 구하는 짓을
이제는 그만 멈추고, 있는 그대로의 우리 자신, 있는 그대로의
평화에 우리 자신을 넘겨주어야 할 때가 왔습니다. 날조된 자아,
조건화된 자아로부터의 해방은 곧 초월적인 평화, 사랑, 건강, 풍요,
기쁨으로 가는 길입니다. 그것은 자유의 궁극적인 문지방입니다.

4

깊은 상처, 뿌리 치유

세부적인 내용은 중요하지 않습니다. 사실, 무슨 일이 일어났는지 기억조차 하지 못할 수도 있습니다. 중요한 것은, 당신의 참자아가 당신이 태어난 세계가 요구하는 조건에 적합하지 않다는 것을 처음 깨달았을 때, 당신의 자아가 형성되는 시기에, 중요한 분기점이 있었다는 것입니다. 감정적인 고통과 격동의 그 순간, 진동하는 에너지가 마치 문신처럼 당신의 존재에 각인되었습니다. 당신은 안전하지 않다는 것을 태어나서 처음으로 느끼게 된 것입니다. 어쨌든 당신은 사랑받지 못했습니다. 기대에 미치지 못했습니다. 당신은 두려웠고, 혼자였습니다.

그 일과 동시에, 자기 자신은 무가치하다는 생각이 당신의 진동 영역에 들어와 수치심과 죄책감으로 터를 잡고 그 자리에 굳어져 갔습니다. 그 초기 경험에 몇 가지 더 유사한 경험이 되풀이되었고, 그렇게 해서 쌓이게 된 기억들은 더욱 더 굳어지고 일반화되어, 당신은 세상에 태어난 이상 누리게 되어 있는 온갖 좋은 것들을 자신은 받을 가치가 없다는 믿음을 갖게 되었습니다. 자기 자신에 대한 이런 무가치함은 당신이 이 인생에서 받은 상처 중에서도 가장 뿌리 깊은 핵심 상처이며, 어린 시절에 받은 이 상처가 당신의 인생 전체를 형성하기에 이르렀습니다.

당신이 내리는 대부분의 결정들, 추구하는 목표, 당신이 원하는 관계, 당신이 창조하고 있는 인생은 외부 세계에서 사랑과 인정, 승인, 상찬을 추구함으로써 당신의 깊은 상처를 보상할 필요성에 의해 동기가 부여됩니다. 세월이 흐르면서, 당신은 다른 사람들을 기쁘게 하기 위해 다정한 척하는 것이 습관화되었거나 고도로 아첨을 잘 하는 사람이 되었을 수도 있습니다. 거짓 겸손(다른 사람들을 행복하고 편안하게 하기 위해 자신을 낮추는 것)의 분위기에 편승하여 자신을 감추고 살아갈 수도 있습니다.

거룩하게 사는 삶에 구원이 있다고 생각하고는, 누군가의 완전한 제자가 되기로 결심할 수도 있습니다. 사회 개혁가가 되어 세상을 바꾸려고 할 수도 있습니다. 또는 훌륭한 부모가 되어 다른 사람들의 빛나는 모범이 되기 위해 노력할 수도 있습니다. 하지만 이 모든 노력이 외적인 것에 초점이 맞춰지고, 다른 사람에게 의존하거나 수치심에 뿌리를 둔다면, 자신이 진정으로 원하는 것은 결코 찾을 수가 없습니다.

당신은 거듭 거절당하고, 배신당하고, 버림받습니다. 단순히 실망하게 되는 일도 잦아집니다. 돈을 많이 벌거나, 유명해지거나, 완벽한 짝을 찾는 데 성공하더라도, 그것으로는 온전한 충만감을 느낄 수가 없습니다. 그런 것들은 진정한 성취가 될 수 없기 때문입니다. 당신에게는 절망과 슬픔이 마치 그림자처럼 붙어 다닙니다. 늘 뭔가가 충분치 않다는 기분입니다.

서른 살 무렵 직장에 들어가고 난 뒤부터는, 해마다 성과를 평가받고 연봉 협상을 합니다. 당신은 어떻게든 힘 있는 사람들에게 잘 보이고 싶어 하고, 가족과 친구들과의 관계를 희생시키면서까지 성과를 높이기 위해 애를 씁니다. 밤늦도록 일하고, 주말에도 일을 합니다. 승진을 위해서라면 무슨 일이든 불사합니다. 당신은 완벽주의자입니다. 당신이 인정을 받고 승진하려면 완벽해야만 하기 때문입니다. 당신은 상사에게 자신을 가치 있는 존재로 만들기 위해서라면 할 수 있는 모든 일을 합니다. 그럼에도 상사가 당신이 아닌 딴사람을 승진시키는 일이 발생합니다. 당신은 자신이 희생되었다고 마음대로 생각하고는, 분노가 치밀어 복수하고 싶어 합니다. 이 모든 일들의 밑바닥에는 깊은 절망감이 똬리를 틀고 있습니다.

사십대가 되면, 당신은 완벽한 부모가 되기 위해 노력합니다. 아이들을 위해서라면 모든 것을 다 해주고 싶어합니다. 아이들을 잘 돌보기 위해 셀 수 없이 많은 잠 못 이루는 밤을 보냅니다. 당신은 그들의 교육을 위해 조기 은퇴까지 각오하고, 모든 것을 더 나아지게 하려고 상담을 받기도 합니다. 당신은 아이들이 당신의 노력에 보답할 것이라고 기대하지만, 아들은 전화를 받지도 않고, 딸은 학교를 그만두겠다고 말하면서 당신의 의견 따위는 듣고 싶어 하지도 않습니다.

모든 기반이 흔들립니다. 두려움이 날로 커져 갑니다. 두려움의 에너지는 너무도 미묘하여 당신은 그것이 당신의 생명력을 얼마나 갉아먹는지조차 깨닫지 못합니다. 당신은 권력, 돈, 지위를 잃을까 봐 두려워합니다. 외롭고 사랑받지 못하고 잊혀질까 봐 두려워합니다. 그동안 당신이 가짜로 살아왔다는 것이 밝혀질까 봐 두려워합니다. 암 같은 큰병에 걸릴까 봐 두려워합니다. 그동안 쌓아온 것들을 잃을까 봐 두려워합니다. 당신의 실수와 결점이 백일하에 드러날까 봐 두려워합니다. 이러한 두려움은 당신을 불면증에 빠지게 합니다.

50대에 이르러서는 배우자가 이혼 소송을 제기하는 바람에 큰 충격을 받습니다. 당신은 그동안 당신의 파트너를 위해 최선을 다하고 있다고 믿어 왔습니다. 당신은 풀타임으로 일하면서도 집안일을 도우려고 애썼습니다. 배우자가 기분 좋아할 말을 골라 하고, 배우자의 목표를 지원하고, 많은 희생을 했습니다. 그런데도 배우자가 당신을 떠나고 싶어 하다니, 아무래도 믿을 수가 없습니다. 마음속으로 당신은 큰 소리로 외칩니다. "나는 실패하고 말았다. 나는 너무 늙고 초라해져 버렸다. 나는 충분히 똑똑하지 않다. 나는 늘 불평을 달고 살았다. 나는 더 이상 바람직한 사람이 못 된다. 나는 사랑스럽지 않다." 이번 일로 말미암아 당신은 자신의 무가치함을 다시 한번 확인합니다. 당신의 세계 전체가 무너집니다. 그리하여 그동안 쌓여온 기억들의 잔해로부터 우울증이 독버섯처럼 자라납니다.

여러 해 동안, 당신은 이런 느낌을 성공적으로 피해 왔습니다. 술, 마약, 운동 등으로 머릿속 생각을 가라앉히려 애썼습니다. 도박, 섹스, 과로, 과식, TV와 영화, 외설물, 혹은 소셜 미디어에 파묻혀 지냈습니다. 당신은 어떻게든지 자기 자신을 만나기를 외면하고, 탈출의 달인이 되었습니다. 감정을 무디게 만드는 항우울제를 달고 살았습니다. 자기 자신에 대한 분노를 제어할 길이 없어 도망갈 길을 찾다가 중독에 빠지기도 했습니다.

누구에게도 자신의 진짜 모습을 보여주지 않기 때문에, 누구와도 진짜로는 친해질 수가 없습니다. 세상에서 가장 사랑하는 가족이나 영적 공동체에 속해 있을 수도 있지만, 혼자라는 느낌은 여전히 피할 길이 없습니다. 수백만 명이 우글대는 대도시에서 분주하게 살아가지만, 자기 자신을 정직하게 만나는 일을 용케 피해 온 탓에, 다른 사람들과의 깊은 관계 역시 이루어지기가 거의 불가능합니다.

누구에게도 자신의 진짜 모습을 보여주지 않기 때문에,
누구와도 진짜로는 친해질 수가 없습니다.

개인적인 인간관계에서도 마찬가지입니다. 첫인상이 아무리 좋고 속으로 끌리는 사람이 있어도, 당신은 결코 당신 자신이 갈망하는 연결의 깊이를 경험할 수가 없었습니다.

당신은 자신의 존재 가치를 입증하고자 다른 사람을 고치려고 계속 노력하지만, 결국 그 사람은 당신의 돕고자 하는 '손길'을 뿌리치고 당신을 짓밟고 맙니다. 당신은 또한 '인정받지 못하는' 자기 자신을 보여주고 싶어 하지 않습니다. 자신이 궁핍한 사람으로 비칠까 봐 두려워합니다. 거부당할까 봐 손을 내미는 일조차 주저합니다.

당신의 핵심적인 상처는 자기를 있는 그대로 사랑하지 못하는 데서 오는 것이며, 그 결과는 자기 자신이 무가치하다는 느낌입니다. 어떻게 해야 치유될 수 있을까요? 치유는 당신의 참자아로 돌아가는 여정입니다. 있는 그대로 이미 충분한 당신의 참자아를 깨닫는 이 여정을 시작하려면, 무엇보다도 자신이 자신을 무가치하게 여기고 있다는 것을 직시해야 합니다. 상처에 깊이 박혀 있는 가시를 빼내려면, 당신이 스스로를 억눌러 왔음을 인정하고 자기 자신을 직면해야 합니다. 그동안 당신은 자기 자신의 뿌리 깊은 상처를 외면한 채 더 많은 돈을 벌고자 애쓰면서 주의를 분산시키고, 인간관계를 바꾸고 자기를 개선시키려고 해왔습니다. 정말로 관심을 집중하여 차이를 만들어낼 수 있는 '자기 자신을 만나는 일'에는 마음을 내주려 하지 않았습니다.

당신의 핵심적인 상처는
자기를 있는 그대로 사랑하지 못하는 데서 오는 것이며,
그 결과는 자기 자신이 무가치하다는 느낌입니다.
어떻게 해야 치유될 수 있을까요?
치유는 당신의 참자아로 돌아가는 여정입니다.

두려움의 에너지와 생존을 위한 투쟁으로 인해 대부분의

사람들은 자신의 속 깊은 감정을 외면하고 지냅니다. 자유는, 아무런 두려움 없이 자신의 속마음, 자신의 속 깊은 '느낌'에 의식적인 주의를 기울일 때 찾아옵니다. 자신의 무가치함, 사랑받지 못함, 충분하지 않다는 느낌에 저항하지 않고, 있는 그대로를 직시하고 그 느낌을 받아들이는 것만이, 은총이 들어올 수 있게 하는 균열입니다.

진정한 변화를 일으킬 수 있는 힘은, 의식적인 관심과 주의집중에 있습니다. 철학자 크리슈나무르티J. Krishnamurti 는 "가장 지고한 지성은 아무런 저울질도 하지 않고 자기 자신을 관찰하는 능력이다."라고 썼습니다. 순수 잠재력의 집중된 힘은, 아무런 판단도 하지 않고 '지켜봄'의 상태에서 나옵니다.

수십 년 동안, 당신은 참자아와의 연결고리를 잃어버린 채로 지내왔습니다. 당신은 여러 해 동안 자기혐오와 분개, 후회, 그리고 당신 자신과 당신의 살림살이가 충분하다고는 결코 느낄 수 없는 만성적인 결핍감과 짜증으로 인해, 내적으로 멍이 들었을 수도 있습니다. 이 고통이 결국 축복인 까닭은, 그것이 당신을 진리 탐구로 이끌기 때문입니다. 당신의 삶에 은총의 빛을 끌어들이고 깨달음의 가능성과 진정성으로의 회귀에 불을 붙이는 것은, 당신의 참자아에 대한 기억과 참자아로의 회귀에 대한 내적인 (때로는 무의식적인) 열망입니다.

당신의 삶에 은총의 빛을 끌어들이고
깨달음의 가능성과 진정성으로의 회귀에 불을 붙이는 것은,
당신의 참자아에 대한 기억과
참자아로의 회귀에 대한 내적인 (때로는 무의식적인) 열망입니다.

어떤 이들은 깨달음이란 충분히 오랫동안 명상을 하거나 충분히 선행을 했을 때 가게 되는 '천국' 같은 곳이라고 생각합니다. 그러나 사실, 깨달음은 당신이 가면을 쓰고 살아온 옛 습성을 버리고 참자아로 회귀함에 따라 이루어지는 에너지의 진동적인 재정렬입니다.

깨달음의 과정이 항상 단정하고 아름답게 이루어지는 것은 아닙니다. 그것은 내면의 무결성과 가치를 날것 그대로 회복하는 실제적인 과정입니다. 깨달음은 인생의 온갖 괴로움을 뿌리째 뽑아 버립니다. 그것은 진정한 사랑, 기쁨, 하나됨의 구현입니다. 그것은 당신의 삼매입니다. 궁극적으로, 그것은 참자유의 선물입니다.

5

참자아

당신의 참자아는 광대합니다. 그것은 순수 의식이고, 깨어 있는 인식이며, 이 세상에서 이루어지는 모든 표현과 창조, 확장의 토대입니다. 그것은 가장 순수한 형태의 '당신'입니다. 당신은 이 본질적인 순수함과 순결함을 지닌 채 이 세상에 왔지만, 삶에서 일어나는 일들은 당신 존재의 핵심 기반으로부터 당신을 점점 더 멀어지게 하고, 그것을 덮고 말았습니다. 당신은 자신의 참자아를 잊어버렸습니다.

참자아를 잊어버린 사람은 매우 흥미로운 일을 벌이게 됩니다. 당신은 마음이 생각을 하고, 감정이 일어나고, 몸이 기능하는 것을 경험하면서, 그런 경험들이 당신이라는 존재의 총합이라는 결론을 내립니다. 당신은 마치 당신의 몸이나 상황이나 생각이나 느낌이 마치 자기 자신이나 된 듯이 "나는 뚱뚱해", "나는 우울해", "나는 가난하고, 아무래도 희망이 없어", "나는 화났어", 혹은 "나는 바보야"라고 말합니다. 그러나 이것들은 전혀 잘못된 동일시로서, 불필요한 고통을 일으키고 자신이 제한적인 존재라는 생각을 영구화시킵니다. 당신은 자신의 몸과 마음을 자기 자신과 지나치게 동일시하도록 조건화되어 왔으며, 이 조건화는 당신의 존재를 가두어 왔습니다.

데카르트의 "나는 생각한다, 고로 나는 존재한다." *Cogito ergo sum* 는 유명한 명제는 현대 서양 철학의 기초가 되었지요. 그는 참자아의 다차원적 측면들을 모두 아울러 그것을 자기 자신과 동일시하는 대신, '생각하는 마음'이 우리들 존재를 나타내는 가장 중요한 지표라고 보았습니다. 지난 세기 동안에는 뇌 기능 자체가 과학 탐구의 주요 초점 중 하나가 되었습니다. 그리고 오늘날, 사회는 불안과 우울증 같은 장애를 뇌 화학brain chemistry의 문제로만 취급하는 경우가 너무 많아졌습니다. 게다가 서양 심리학은 '긍정적 사고의 힘'을 점점 더 강조해 왔고, 이는 신사상New Thought이라 불리는 매우 영향력 있는 영성 운동의 토대가 되었습니다.

그러나 마음만을 중시하는 데에는 한계가 있습니다. 각 개인은 저마다 전적으로 '진동적 구성체'임을 고려해야 합니다.

그렇습니다. 마음은 당신이라는 됨됨이의 일부입니다만, 존재Being 의 핵심 토대는 '사고 패턴들을 지켜보면서 상호 작용하고 표현할 수 있는 인식'이라고 할 수 있습니다. 데카르트는 결정적으로 다음과 같은 근본 진리를 놓쳤습니다: "나는 존재한다, 고로 나는 생각한다." I am; therefore I think. **'참나' I am 는 '존재' Being, 곧 영혼Soul 으로서, 우리의 잠재력 전체를 나타냅니다.**

'생각이 곧 창조의 힘'이라는 발상에서, '나는 부자'라는 생각 속에서 사노라면 실제로 풍요 속에서 살게 된다고들 말하고, 그것을 실천하려고 애쓰는 분들이 적지 않습니다. 하지만 당신이 "나는 부자다"라고 생각할 때, 당신이 가진 것은 '제한된 힘을 가진 하나의 생각'일 뿐입니다. 왜냐하면 그 생각은 그것의 근원인 영혼과 제한된 연결을 가지고 있을 뿐이기 때문입니다. "나는 부자다"라고 백만 번 생각하거나 말할 수 있지만, 이러한 유형의 정신적 훈련이 눈에 띄는 변화를 일으키는 경우는 매우 드뭅니다. 이는 마치 발전소가 옆에 있고 스위치가 옆에 있어서 언제든지 전기를 켤 수 있는데도 불을 켜지 않은 채 어둠 속에서 살아가면서 한탄하는 것이나 다를 바가 없습니다. 존재Being는 일단 접속되기만 하면 변형 과정에 동력을 제공합니다. 그리고 존재와의 접속은 스위치를 켜기만 하면 이루어집니다. 당신의 정신적 바람이 존재의 파워와 일치하여 정렬될 때까지는, 아무리 자기 스스로를 부자라고 생각하고 또 생각해도 실제로 부자가 될 수 없습니다.

오늘날의 문화는 몸에 대단한 가치를 부여하여 몸을 '자아의 둥지'로 보고 우상시합니다. 종교로서의 몸 수련, 극단적인 다이어트, 미용을 목적으로 하는 몸 훈련, 셀카, 유명인에 대한 집착 등은 모두 몸이 중심이 된 문화 현상입니다. 통계에 따르면, 건강하고 강인한 신체를 지니고 있으면서도 자신의 키와 몸매에 불만을 가지고 있는 사람들이 너무나 많습니다. 그리고 소셜 미디어의 심리적 영향이 아직 완전히 밝혀진 것은 아니지만, 소셜 미디어가 외모와 피상성에 대한 문화적 집착을 부추긴다는 데에는 의심의 여지가 없습니다.

오늘날의 영성 운동조차도 의외로 깊이가 얕고, 몸과 마음에 집중되어 있습니다. 동양의 신비주의는 서양의 입맛에 맞게 변형되어, 그 깊이와 목적의 많은 부분을 상실하고 말았습니다. 가장 오래되고 가장 심오한 수행 중 하나인 하타 요가는 신체, 스트레칭 및 에어로빅, 곧 체육관 운동으로 변질되어 버렸습니다. 많은 워크숍과 '영적 피정'은 참여자로 하여금 더 많은 돈, 더 원활한 인간관계, 더 날씬한 모습 등 특정 결과를 얻게 하는 데에 중점을 둡니다. 그런 프로그램 중 극소수만이 각 개인을 영혼, 곧 '시공간의 한계를 초월한 존재의 영원한 부분'에 연결시키는 데에 중점을 둡니다.

에고는 '영적' 활동을 허용하면서도, 그것들을 약화시켜 비효율적으로 만들고, 너무 많은 변화가 없도록 단속을 합니다. 현상 유지를 위협하거나 변형할 수 있는 힘이 있는 것은 무엇이든 악마화됩니다. 왜냐하면 그로 인해 에고 자신의 구조가 커져가는 것이 위협당하기 때문입니다. 사람들은 변형에 관한 책을 읽거나 기술을 배워 왔지만, 자신의 영혼을 찾고 영혼으로 하여금 주인공이 되도록 하기 위해 모든 것을 다 쏟아부을 정도로 열심인 경우는 참으로 드물었던 것 같습니다.

그러나 그 모든 것이 이제 바뀌고 있습니다. 인간이 '자아의 자리'를 확인하는 방식은 단계적으로 달라져 왔습니다. 진화의 단계를 밟아온 것입니다. 이제는 영혼을 알아보고 자신을 영혼과 동일시하는 단계에 이르렀습니다. 당신에게는 마음이 있고 몸이 있지만, 사실 당신은 '영혼'입니다.

당신은 마음과 몸을 경험하고 있는 '존재' Being 입니다. '영혼'에 대한 이러한 기억은 동양 신비주의자들의 진리와 일치되며, 인류 전체가 성숙되어 가고 있다는 증거라 할 수 있습니다. 이제 막 수평선 위로 떠오르고 있는 완전한 변형의 패러다임은, 참자아를 근본 요소로서 포함할 것을 요구합니다. 그것은 의식적인 인간 진화의 큰 물결입니다. 전체성의 관점이 더욱 심화되어 가는 인식의 확장입니다. 영혼이 완전히 해방되어 드러나지 않으면, 영혼은 당신의 삶에서 자신의 능력과 잠재력을 온전히 발휘할 수가 없습니다. 몸도 마음도 아닌, 오직 당신의 영혼만이 당신을 변화시킬 수 있는 충분한 힘을 가지고 있습니다. 자신이 곧 영혼임을 알고 영혼과 자신을 동일시하고 삼매의 상태를 구현하는 것이, 진화의 다음 단계입니다.

우리가 진정한 우리 자신의 극히 일부만을 경험하면서 살고 있다는 사실은, 우리를 당혹스럽게 합니다. 그것이 무엇인지는 알 수 없지만, 무언가가 빠진 것 같은 느낌에 사로잡히는 경우가 적지 않습니다. 하지만 속 깊은 곳에서, 우리는 분명히 알고 있습니다. 우리가 경험하는 것 이상의 무엇인가가 더 있다는 것을. 우리의 마음은 평화와 성취를 찾으려고 끊임없이 노력합니다. 여기저기, 이 사람 저 사람, 열광적인 탐색이 이어집니다. 우리의 마음은 '그것'을 찾아내고 싶어 이것저것을 계획하고, 상상하고, 걱정하고, 화를 냅니다. '그것'을 찾아내지 않으면, 길을 잃었다는 느낌 속에서 살 수밖에 없을 것 같습니다. 그러면서도 한편으로는, '내 생각의 모든 것이 곧 나 자신'이라고 믿는 마음을 쉽게 버리지 못합니다.

우리가 진정한 우리 자신의 극히 일부만을 경험하면서
살고 있다는 사실은, 우리를 당혹스럽게 합니다.
그것이 무엇인지는 알 수 없지만,
무언가가 빠진 것 같은 느낌에 사로잡히는 경우가 적지 않습니다.
하지만 속 깊은 곳에서, 우리는 분명히 알고 있습니다.
우리가 경험하는 것 이상의 무엇인가가 더 있다는 것을.

그러나 당신은 한 걸음 물러서서, 화려한 빛깔의 열대어들과
기어 다니는 생물로 가득한 수족관을 구경하는 것처럼, 당신의
생각이 떠다니는 것을 지켜볼 수 있습니다. 당신은 반짝이는
지느러미를 하느적거리며 다니는 물고기입니까? 당연히 아니지요.
당신은 물고기들이 물을 가르며 유영하는 것을 지켜보고 있는
존재입니다. 당신은 당신의 생각 자체가 아닙니다. 생각을 지켜보는
'관찰자'입니다. '관찰자'로서의 그 자각이 당신의 '참자아'입니다.

어느 순간 당신은 한 사람을 사랑했다가, 다음 순간 그 사람을
미워합니다. 하지만 사랑이 사라지는 것 같을 때 당신도 사라지나요?
아닙니다. 당신은 여전히 여기에 있습니다. 가장 깊은 절망의 순간에
당신이 얼마나 고통스러워하든, 얼마나 많은 뜨거운 눈물이 당신의

얼굴에 흐르든, 당신은 슬픔이나 마음의 고통이 아닙니다. 당신은 당신이 느끼는 반감이나 두려움도 아니고, 증오나 웃음도 아닙니다.

당신은 '관찰자'로서 물속에 발을 담그고 앉아 당신의 발가락을 스치는 차가운 파도를 느낄 수 있습니다. 감정은 당신의 경험 중 일부이며, 당신은 당신 자신이 감정을 느낄 수 있도록 허용하지만 감정이 당신을 통제하지는 않습니다. 당신은 그것들에 의해 정의되지도 않습니다. 감정은 당신은 통과하여 지나갈 뿐입니다.

당신은 매일 아침 잠에서 깨어나면 침대 옆 바닥에 두 발을 내려놓습니다. 가장 먼저 하는 일은 화장실로 향하는 것입니다. 그러고는 거울 속에서 당신은 자신을 봅니다. 당신의 얼굴을 재빨리 훑어봅니다. 누가 당신을 보고 있습니까? 샤워를 하면서, 당신은 자신의 엉덩이, 허벅지 등을 평가합니다. 당신은 자신의 몸과 당신 자신을 동일시하면서, 몸이 너무 통통하다거나 너무 엉성하다거나 주름이 너무 많다는 식으로 생각합니다. 비판은 감정적 반응을 일깨우고, 그 경험을 통해 당신은 무의식적으로 "이것이 바로 나다"라는 결론에 도달합니다. 그러나 몸은 '참자아'가 아닙니다. 그럼에도 불구하고 당신은 몸이 곧 자기 자신이라는 것을 사실로 받아들이고, 그 생각을 지속적으로 강화합니다.

몸은 결코 완벽하지 않고, 항상 늙어가고 있고, 종종 고통을 겪고, 결국에는 죽어갑니다. 그런 몸을 자기 자신과 동일시하는 것이 과연 합당한 일일까요? 그렇다면, 우리의 모든 생각을 우리 자신과 동일시하는 것은 과연 합당한 일일까요? 어떨 때는 행복한 생각을, 어떨 때는 부조리한 생각을, 어떨 때는 혐오스러운 생각을, 어떨 때는 전혀 일관성 없는 생각을, 어떨 때는 설득력 있는 생각을, 어떨 때는 혼란스러운 생각을 하는데, 그런 모든 생각의 총합을 과연 우리 자신이라고 할 수가 있을까요? 그렇다면, 감정을 과연 우리 자신이라고 할 수 있을까요? 감정은 때로 우리 자신을 압도적으로 차지해 버리고, 때로 우리를 현실로부터 도망치도록 충동질합니다. 감정은 누군가를 미치게 만들 수도 있는 롤러코스터 같은 존재입니다. 몸이 최상의 상태이고 마음이 30초 동안이나마 평온을 유지할 때에는 행복을 느끼고 모든 것이 다 괜찮을 수 있습니다. 하지만 그런 드문 경우를 제외하면 나머지 99.8%의 시간 동안은, 우리 모두가 아무래도 조금쯤은 미쳐서 돌아가는 게 아닌가 싶습니다.

몸, 마음, 감정을 자기 자신과 동일시하는 한, 자신을 무가치하다고 느끼고 슬픔에 잠기는 것도 당연합니다. 몸, 마음, 감정은 언제나 변화무쌍합니다. 한시도 가만히 있지 않습니다. 이렇게 변화무쌍하고 제한된 것을 자신과 동일시하는 것은 존재의 굳건한 기반이 될 수 없습니다. 밤하늘을 배경으로 반짝이는, 대도시 경관 중에서도 시선을 압도하는 첨단의 초고층 빌딩을 잠시 상상해 보십시오. 이제, 각종 수상 경력에 빛나는 이 도발적인 현대식 타워가 철근 콘크리트와 강철이라는 탄탄한 기초도 없이 모래 위에 세워졌다고 상상해 보십시오. 견고한 기초 없이 세워진 건물은 언제 붕괴되어도 당연한 결과로 여겨질 수밖에 없습니다.

삶에서도 똑같은 일이 일어납니다. 참자아로부터 분리된 상태에서는, 조그마한 어려움이나 비판에도 자기 자신이 산산조각이 난 것처럼 느끼게 됩니다. 내적으로 그만큼 나약하기 때문입니다. 삶이 조금만 자신을 밀쳐내는 것 같아도 금방 힘을 잃어버리고 절망에 빠집니다. 당신은 자신의 무가치함을 경험하고 생각, 감정, 외모, 주변 환경에 대해 저항을 하고 비판을 일삼으면서 살아갑니다. 그러고는 그 상태를 고칠 생각도 내지 않고 그대로 거기에 머물고 맙니다. 왜냐하면 당신은 무엇이든지 '평탄한' 것에 집착하도록 조건화되어 왔기 때문입니다. 심지어는 관계가 어긋나 버리고 재정이 파탄나서 일상이 혼돈 자체일 때에도, 그 상태를 웬일인지 벗어나려고 하지 않는 경우도 있습니다. 무엇이든지 익숙한 것에 집착하는 것입니다. 평범하고 심지어는 비루한 것일지라도 익숙해지면, 거기에서 벗어나려 하지 않습니다. 그렇게 현상 유지에 집착하는 것은, 창조된 자아가 가장 두려워하는 것은 미지의 것이기 때문입니다.

"삶이 그대를 속일지라도 슬퍼하거나 노여워하지 말라"는 푸시킨의 시구가 있습니다만, 삶은 우리를 속일 수 없습니다. 우리가 우리 자신에게 속는 것일 뿐입니다. 삶은 당신의 가장 큰 바람을 성취하는 데 끝없는 장애물이 있다는 것을 우리에게 확신시키기 위해 혹독한 모습을 보여줄지도 모르지만, 우리는 이제 두 번 다시 속을 수 없습니다. 이제, 깨어났기 때문입니다.

당신은 더 이상 퇴보할 수 없습니다. 한때 당신을 어둠 속에 붙잡아두었던 혼란은 당신을 지배하는 힘을 서서히 잃어가고 있습니다.

당신이 기꺼이 당신의 참자아, 곧 영혼에 다시 연결될 때, 당신은 상상할 수 없는 변화의 힘과 잠재력에 즉시 접속될 수 있습니다. 이 힘은 노력도, 추진력도, 고투도 필요하지 않습니다. 그것은 모든 경험 중에서도 가장 자연스러운 것이지만, 우리는 그것으로부터 너무 멀리 떨어져 살도록 조건화되어 왔기 때문에, 그 경험이 완전히 낯설게 느껴집니다.

당신이 기꺼이 당신의 참자아, 곧 영혼에 다시 연결될 때,
당신은 상상할 수 없는 변화의 힘과 잠재력에
즉시 접속될 수 있습니다.
이 힘은 노력도, 추진력도, 고투도 필요하지 않습니다.

당신의 아름다운 마음, 당신의 완벽한 몸, 당신의 풍부한 감정—
그것들은 모두 당신을 독특한 존재로 만드는 것들입니다. 그것들은
모두 당신의 영혼을 위한 탈것들입니다.

6

궁극의 변화

소망을 이루기 위해서 '긍정적 사고의 힘'을 실천하려고 해본 적이 있습니까? 재정적 부와 독립을 위한 강한 열망이 있다고 가정해 봅시다. 당신은 통장 잔고에 0이 9개 이상 찍힌 것을 보고 환한 미소를 짓고 있는 자기 자신을 상상합니다. 당신은 "나는 부자다"를 반복해서 되뇌입니다. 여러 가지 풍요를 뜻하는 경구나 만트라를 담은 노란색 스티커 메모를 욕실 거울에 붙여놓기도 합니다.

자동차나 안락한 집, 재정적 걱정 없이 행복한 당신의 사진 등 재정적 자립을 뜻하는 비전 노트를 쓰기도 하고, 보드를 만들어서 걸어놓기도 합니다. 큰 보너스를 받고 있는 자신을 상상하기도 합니다. 그러나 늘 재정 부족에 허덕이는 것은 변함이 없습니다.

새벽 3시에 잠에서 깨어나 땀에 흠뻑 젖어 몸을 뒤척이곤 합니다. 근심걱정을 해보았자 상황이 개선되는 것은 아님을 이미 알고 있어서, 더 이상 자신을 들볶으려고 하지 않지만 꼬리를 물고 이어지는 생각들은 마치 눈사태와도 같아서 아무리 의지로 막으려고 애써도 어쩔 수가 없습니다. 속이 쓰리고 메스꺼워지면서, 신경이 쇠약해집니다. 황량한 시나리오가 당신의 마음속에서 계속 재생됩니다. 아드레날린이 솟구칩니다. 하지만 걱정하지 말자, 걱정하지 말자, 걱정하지 말자고 스스로 다짐할수록 더욱 더 불안해질 뿐입니다.

마음을 제어하려고 노력하여 변화를 시도하지만 결국 피곤하고 좌절하게 되고 맙니다. 당연한 일입니다. 당신만 그런 것이 아니라, 모두가 다 그렇습니다. 마음 다루는 기술만으로 변화를 꾀하는 일은 불가능합니다. 감염이 몸속 깊숙이 침투해 있는데도 겉으로 보이는 상처만 치료하는 것과 다름이 없습니다.

효과적인 변화를 일으키려면, 이러한 생각과 신념을 붙들고 있는 근본 에너지를 다루지 않으면 안 됩니다. 그래서 에너지의 변화가 있어야만 현실의 변화가 뒤따른다고 말하는 것입니다. 당신의 삶은 당신의 전반적인 진동 주파수를 정확히 그대로 반영합니다. 참된 변화를 경험하기 위해서는 존재의 새로운 방식, 그리고 세상 속에서 존재하고 관계를 맺는 새로운 방식을 찾아야 합니다. 당신의 영혼에 닻을 내리는 법을 알아야 합니다.

웨인 다이어(Wayne Dyer)는 말했습니다. "오렌지를 짜면 항상 오렌지 주스가 나온다. 밖으로 나오는 것은 언제나 안에 있는 것이다." 당신의 진동 시스템에서 괴로움, 분노, 좌절 같은 조밀한 에너지가 잠자고 있다면, 이는 이러한 에너지가 외부로 풀려나오기 위한 상황이 당신의 외부 현실에서 생겨날 것이라는 뜻일 것입니다. 아마도 비판이나 배신, 또는 침체 같은 사태가 일어나겠지요.

당신 안에 이미 분노와 슬픔의 진동이 있을 때에만 누군가가 나타나서 당신을 화나게 하거나 슬프게 만들 수 있습니다. 당신이 누군가를 반대할 때, 당신이 반대하고 있는 것은 당신 자신의 내면에 있는 에너지입니다. '버튼이 눌러지는' 것은 애초에 거기에 버튼이 있기 때문입니다.

당신이 삶 속에서 반복적으로 부정적인 패턴을 경험하는 것은, 당신 자신 안에 해결되지 않은 무엇인가가 아직 남아 있다는 뜻입니다. 당신은 막다른 골목에 직면하여 다른 직장으로 이직하지만, 폭군 같은 또 다른 고용주를 만납니다. 이혼을 하고 다른 사람과 재혼하지만, 결국 똑같은 처지에 놓이게 됩니다. 돈을 벌긴 벌지만, 돈이 손가락 사이로 빠져나가는 것만 같습니다.

진동 변환은 해결되지 않은 내면의 진동들—쌓이고 쌓인 감정적

찌꺼기들과 조건화—을 드러내어 무의식적 부조화의 근본 원인을 의식적으로 수용함으로써 불협화음에서 조화로운 진동으로 변화시키는 강력한 내적 과정입니다. 그러면 당신의 현실이 그러한 변화를 반영하기 시작하고, 실제적이고 지속적인 개인의 변화가 일어날 수 있습니다. 당신의 슬픔, 분노, 고통, 무가치함을 드러내어 녹여야 합니다. 그러면 더 이상 그것들을 깊이 휘저어 그것들이 거기에 있다는 것을 보여주기 위한 외부 환경을 필요로 하지 않을 것입니다.

사람들은 대개 자신의 삶에서 결핍되고 부족한 것을 외부적으로 해결하려고 합니다. "나는 연애를 잘하지 못해. 관계를 잘 맺는 방법을 배우러 워크숍에나 가볼까?" 하지만 워크숍이 과연 좋은 연인을 가져다줄까요? 인간관계에 스스로 문제가 있다고 생각하는 사람은, 새로운 관계를 찾으면 되도록 좋은 관계를 오래 유지하기 위해 고군분투하곤 합니다. 외부 현실을 관리하는 방법으로 자신과 환경을 변화시키거나 수정하려고 할 때에는, 중요한 진실을 놓치게 됩니다. 자기 자신을 고치려고 애쓸 필요는 없다는 것! 당신은 있는 그대로 완벽합니다. 저마다 자신의 참자아에 연결되어 자기 자신의 신성한 청사진을 기억하기만 하면 됩니다.

변화되어야 한다면, 그것은 에너지의 관점에서입니다.

**자기 자신을 고치려고 애쓸 필요는 없다는 것!
당신은 있는 그대로 완벽합니다.**

진동적 변화는 초점을 내면으로 돌려서 핵심 상처의 치유와 통합을 지원해 주고, 영혼의 역동적인 출현을 촉진합니다. 진동에 변화가 생길 때, 분리 증상은 근본적으로, 저절로 해결됩니다.

인간이 당하는 고통의 근원은, 참자아와의 연결이 이루어지지 않았기 때문이고, 신성과 이어지지 않았기 때문입니다. 아시시의 성 프란치스코 St. Francis of Assisi 는 그것을 아주 아름답게 표현한 바 있습니다. "우리 모두는 우리가 알고 있었지만 지금은 잃어버리고 있는 우리 자신의 참자아에 대해 애도하여야 마땅합니다. 빛은 치료제입니다. 다른 모든 것은 위약입니다."

빛이 우리의 치료제로 쓰이기 위해서는 진동이 변화되어야 하고, 진동의 변화는 우리를 고통으로부터 해방시키고, 우리네 삶의 모든 영역에서 확장과 증가를 가져올 그 빛에 대한 연결을 제공합니다.

우리로 하여금 참자아를 잊게 하는 증상 중 첫 번째는, 원숭이처럼 끊임없이 움직이는 우리의 '원숭이 마음'입니다. 원숭이 같은 우리의 마음은, 우리를 과거로 끌고 가거나 미래로 몰아가는 그칠 줄 모르는 생각으로, 한 순간도 현재에 살지 못하도록 우리의 주의를 분산시킵니다.

우리로 하여금 참자아를 잊게 하는 두 번째 증상은, 자신이 무가치하다는 느낌입니다.

우리로 하여금 참자아를 잊게 하는 세 번째 증상은, 자신의 생각, 감정, 몸을 자기 자신과 동일시하는 것입니다.

우리로 하여금 참자아를 잊게 하는 네 번째 증상은, 분리된 느낌입니다.

우리로 하여금 참자아를 잊게 하는 다섯 번째 증상은, 우리 스스로 자신에게 한계를 지우는 마음입니다. 우리가 스스로 한계를 짓는 것은, 우리 안에 잠겨 있는, 해결되지 않은 조밀한 진동 에너지 때문입니다. 우리가 창조한 조밀한 진동 에너지에 가로막혀 우리는 자신이 빛으로부터 분리된 존재라고 느끼게 됩니다. 우리 자신 안에 있는 이 빛이야말로 우리 자신의 가장 위대하고 가장 핵심적인 부분인데도, 우리는 스스로 이 빛을 가로막고 있는 것입니다.

예를 들어봅시다. 당신의 파트너가 당신에게 지금 곧 당신을 떠날 것이라고 말했다고 합시다. 당신은 파트너의 말에 조건반사적인 반응을 보일 수도 있고, 의식적인 반응을 보일 수도 있습니다. 조건 반응은 사회, 종교, 교육 및 경험을 통해 당신이 수집해 온 모든 구성 요소들이 한데 모여 집합적으로 표출된 반응입니다. 조건 반응은 다른 사람이 당신의 소유물이라는, 즉 당신의 조작된 자아의 확장이라는 에고의 믿음에 근거합니다. 이는 상호의존성의 결과물로, 어느 한쪽은 자신이 버려졌다는 고통을 받게 됩니다. 상호의존성이 없다면, 어떤 반응을 보이게 될까요? 현실 상황은 파트너가 단순히 떠나는 것일 뿐입니다. 그로 인해 인간관계에 진화가 이루어질 수도 있는 일입니다. 하지만 당신은 그것을 관계의 진화로 보는 대신, 사회에서 배워온 고정관념에 따라 그런 상황을 무조건 '안 좋은' 것으로만 해석합니다. "왜 나에게만 이런 일이 일어난단 말인가? 내가 도대체 무얼 얼마나 잘못했다고 이런단 말인가?"

당신은 자신을 희생자로 여기고, 이야기를 만들어냅니다. 그리하여 당신은 조건화된 반응에 갇히게 되고, 그 결과 그런 상황에 대처할 자유를 누릴 수가 없게 됩니다. 당신은 그것을 개인의 이야기로 만들어 그 안에 갇혔고, 거기에는 참으로 받아들이기 어려운 극심한 고통이 따르게 됩니다.

당신에게는 비행기의 블랙박스처럼 작동하는 미묘한 신경계가 있습니다. 거기에는 인생의 모든 경험이 진동으로 기록되지요. 모든 경험은 당신의 신경계 안에 일종의 '에너지 인상'을 창조합니다. 이렇게 마음에 남는 인상(흔적)을 삼스카라samskaras 라고 합니다. 어떤 인상은 당신을 지지해주고, 어떤 인상은 중립적이며, 어떤 인상은 조밀합니다. 사랑, 평화, 감사, 행복, 또는 삼매와 같은 진동 인상은 당신을 지지해주는 것으로 간주됩니다. 이를 닦거나 소변을 보는 등의 인상은 감정적 부담을 거의 주지 않고 개인의 이야기도 개입되지 않기 때문에 중립적인 것으로 간주됩니다.

그런가 하면 두려움, 고통, 분노, 수치심과 같이 개인의 이야기가 끼어들고, 감정의 짐이 실리며, 해결되지 않은 인상이 있습니다. 두려움, 고통, 화, 수치심이 잘못된 것이라는 것이 아닙니다. 당신은 이런 진동을 '나쁘다'고 느끼기 때문에, 그런 느낌을 억누르려고 합니다. 당신은 그것을 마음속에 구겨넣고, 의식적인 자각의 빛으로 비추기를 거부합니다. 이렇게 되면, 에너지는 추진력을 잃고 그 안에 갇히게 되어 참자아를 가리고 맙니다.

경험과 경험이 남기는 에너지 인상이 지나치게 강하고, 매우 감정적이며, 그 사람의 내면에 해결되지 않은 채로 쌓이게 될 때, 에너지는 밀도가 높아지고 신경계의 능력이 최적의 상태에서 기능할 수 없도록 제한하여 생명체 고유의 가능성과 확장성, 동시성 속에서 살 기회를 현저하게 축소시킵니다.

어떤 형태로든 마음 안에 남아 있는 저항은, 당신이 당신 자신에 대해 더 깊이 알아보아야 할 무엇인가가 있다는 붉은 깃발입니다. 밀도가 촘촘한 삼스카라는 저항이 강할수록 더 깊이 스며들고 각인됩니다. 상황을 자신과 동일시하고 감정에 저항하고 개인화시키는 정도에 따라, 그 상황과 연결된 에너지가 당신의 신경계 안에서도 강화됩니다. 촘촘한 삼스카라는 당신의 참자아를 가립니다. 그것들은 당신의 의식 범위를 좁히고, 참자아로부터의 분리를 경험하게 합니다. 이들 에너지는 생명력의 흐름을 방해하고, 따라서 당신은 당신의 영혼과 일치되는 삶을 살지 못합니다. 참자아가 감추어져 있으므로, 당신의 삶은 불협화음으로 부대끼게 됩니다. 그것들은 결핍감과 한계의 원인이 되기도 합니다. 왜냐하면 그것들은 당신과 무한한 실재, 그리고 당신 안에 존재하는 힘 사이에 장벽을 만들기 때문입니다.

조밀한 삼스카라의 풀리지 않은 감정 에너지가 해소되고 풀린다고 해도 사건의 기억은 남게 됩니다. 그러나 풀리지 않고 개인화된 감정의 내용물들이 풀려나면, 그것이 만들어낸 기능장애와 한계는 제거됩니다. 당신이 참자아와 연결된 상태에서 참자아가 본래의 주인 자리를 차지하게 될 때, 당신은 참자아의 '증인'이 되고, 경험을 더 이상 개인화하거나 지나치게 자신과 동일시하는 일이 없어지게 됩니다.

내가 아는 한 여자의 경험을 공유하고자 합니다. 그 여자의 남자친구는 사업가로서, 자신의 고용인인 샌디에 대해 끝없이 칭찬을 늘어놓곤 했습니다. 샌디는 그의 사업 성공에 결정적인 역할을 했습니다.

"샌디는 너무 똑똑하고, 상황 판단이 너무 빠르고, 창의력이 넘쳐나. 그녀 없이는 내가 과연 무엇을 할 수 있을지 모르겠어."

"글쎄, 오늘 샌디가 생각해 낸 것을 좀 들어봐."

남자친구는 여자친구와 하루를 공유하고 싶은 마음이었는지 모르지만, 그녀는 달랐습니다. 샌디에 대한 칭찬이 날이면 날마다 이어지자, 겉으로는 아무렇지 않은 척하면서도 속으로는 질투심이 생겨났고, 배신에 대한 두려움과 자기 자신은 짝으로서 적절치 않은 게 아닌가 하는 의심마저 자리를 잡기 시작했습니다. 그녀는 점점 고통스러워졌습니다. 남자친구를 자신이 컨트롤하려고 한다는 소리를 듣고 싶지는 않았으므로, 내색은 하지 않았습니다. 그러나 그녀는 결국 견딜 수가 없었고, 그래서 그와 관계를 끊었습니다.

일 년 후, 그녀는 새로운 도시에서 새로운 신사와 두 번째 데이트를 하게 되었습니다. 그들은 서로에 대해 배우고 웃으면서 즐거운 시간을 보냈습니다. 서로 너무 잘 통했습니다. 만남에는 늘 좋은 에너지가 흘렀습니다. 그런데 어느 날, 그는 마치 대본을 줄줄 읽어내려가듯이, 자신의 비즈니스 파트너인 스테이시가 얼마나 영리하고 창의적인 사람인지, 20분짜리 독백을 읊어대는 것이었습니다. 그녀 없이는 그의 회사가 아무것도 아니라는 점을 입이 마르도록 강조했습니다.

그의 입에서 너무나 친숙한 단어들과 구절들이 흘러나오자 그녀의 뱃속에서 참기 어려운 감정이 솟구치더니 목구멍으로 터져나올 것 같았습니다. 마치 복사라도 한 것처럼 예전과 상황이 똑같았습니다. 너무나 갑작스레, 그녀는 가슴이 열린 이 멋진 사람과 아무런 관계도 하고 싶지 않아졌습니다. 논리적으로는 그렇게 느낄 이유가 전혀 없었습니다. 따스한 조명등 아래에서 맛있는 스시로 저녁식사를 이제 막 즐기려고 할 참이었지요 그런데 그가 그녀에게 자신의 비즈니스 웹사이트를 보여주었고, 그의 로고가 지난번 남자의 것과 똑같다는 것(하필이면 오렌지 조각)을 확인한 순간, 그녀의 반응은 더욱 강해졌습니다. '스테이시 Stacy'라는 이름조차 '샌디 Sandy'와 몇 글자가 다를 뿐이었지요. TV 시리즈물인 「환상특급 The Twilight Zone」의 한 가지 에피소드처럼 느껴졌습니다. 어쩌면 이렇게 똑같은 시나리오에 똑같은 배역을 맡을 수 있단 말인가? 결국 그녀는 더 이상 상황에 매달리지 않고, 자신의 내면으로 주의를 돌렸습니다.

이런 상황이 벌어진 것은, 그녀의 에너지 장 내에서 에고가 만들어낸 삼스카라가 활성화되었기 때문이었습니다. 문제는 샌디나 스테이시가 아니었습니다. 두 남자친구의 이야기도 아니었습니다. 문제는 그녀 자신이었습니다. 그녀는 자신이 스스로 배신이라고 낙인찍은 경험의 각인을 녹여 없애지 않으면 안 된다는 것을 깨달았지요. 그녀의 진동 영역에 고밀도 에너지로 박힌 경험의 각인을 어떻게 해야 분해할 수 있을까요? 경험에 대한 의식적이고 비판단적인 관찰과 그것이 야기한 감정을 기꺼이 직면함으로써, 그녀는 자신의 불안한 마음과 질투심을 확인할 수 있었습니다. 그녀 자신의 마음 밑바닥에 잠복해 있었던 것은, 그녀 자신이 진정 누구인지를 알지 못한 데서 온 자신이 사랑받지 못할 수 있다는 인식과 두려움, 그리고 거기에서 오는 슬픔이었습니다. 내면의 불편함을 기꺼이 마주하려는 그녀의 의지와 현재 순간의 깨어 있음에서 오는 힘을 통해, 어둠은 사라졌습니다.

저항이나 판단 없이 감정과 함께 현존할 때, 당신은 자신의 존재 자체를 통해 진동을 높이게 됩니다. 진동을 높이면, 밀도가 높고 고착된 에너지가 다시 추진력을 얻어서 더 높은 주파수에서 진동할 수 있게 됩니다. 불협화음 에너지가 더 조화롭게 되면, 밀도가 높고 고착된 에너지는 풀려 나갈 수 있습니다. 그런 일은 당신이 그것에 대해 무슨 생각을 하든, 혹은 아무런 생각도 하지 않아도, 일어납니다. 당신의 핵심인 '아이엠 I Am' 에너지는 이 물리적 세계의 어떠한 논리적 계산이나 규정도 초월하여 존재하기 때문입니다.

당신의 신적 본질은 지성보다 훨씬 더 위대합니다. 현재 순간의 자각을 통해 그 힘을 활용할 때, 당신은 삶을 통해 그 힘을 풀어놓게 됩니다.

당신의 신적 본질은 지성보다 훨씬 더 위대합니다.
현재 순간의 자각을 통해 그 힘을 활용할 때,
당신은 삶을 통해 그 힘을 풀어놓게 됩니다.

그러나 쾌락을 추구하고 고통을 피하는 것이 인간의 본성입니다. 당연히, 당신은 밀도가 높은 삼스카라를 부정적으로 보고, 대개는 피하려고 합니다. 그러나 조밀한 삼스카라는 항상 진화의 더 높은 단계로 들어가는 진입점입니다. 당신이 상호작용을 통해 불편함을 느껴서 촉발될 때마다, 더 많은 빛, 더 많은 치유, 더 많은 연결을 얻을 수 있는 방법이 바로 거기에 존재한다는 것을 알아차려야 합니다. 인생은 항상 당신 자신을 최고도로 표현할 수 있도록 거기에 걸맞은 상황을 가져다줍니다. 당신이 할 일은 그 경험을 향해 달려가는 것입니다.

인생은 항상 당신 자신을 최고도로 표현할 수 있도록
거기에 걸맞은 상황을 가져다줍니다.
당신이 할 일은 그 경험을 향해 달려가는 것입니다.

어렸을 때, 런던 카니발에서 내가 가장 좋아했던 명소 중 하나는 '거울의 방'이었습니다. 나는 그 방을 통과해 달려가면서, 거울에 비친 환상적인 내 모습들을 피곤한 줄도 모르고 보고 또 보았습니다. 거울에 비친 나의 가늘고 구불구불한 다리와 불안정한 몸은, 기형의 거대한 머리를 지탱하고 있었습니다. 다른 거울에 비친 내 모습은, 벌레처럼 길쭉한 얼굴에 구슬 같은 눈, 연필처럼 얇은 입을 하고 있었습니다. 또 다른 거울에는, 나의 기형적인 몸이 이상한 각도로 옆으로 기울어져 있었습니다. 저절로 웃음이 나오는 모습도 있고, 많이 왜곡된 모습도 있고, 정말 기괴해 보이는 모습도 있었습니다. 그러나 어떤 모습이든 모두가 다 '나'의 모습이었습니다.
이미지들의 원천은 모두가 다 나 자신이었습니다. 내가 그렇게 끌렸던 거울 속의 이상한 내 모습들이, 결국은 내가 이 인생을 통과하면서 해온 일들에 대한 강력한 은유일 수 있다는 것을 그땐 전혀 알지 못했지요.

어느 시대이든 성인들과 현자들은 자신들 존재의 내면 상태가 모든 사람, 모든 장소, 모든 상황에 그대로 반영된다는 것을 알고 있었습니다. 우연히 이 인생에 들어오게 되었고 일어난 일들 모두가 우연인 것 같지만, 그들은 우주 지성이 그들로 하여금 항상 자아실현을 향해 나아가게 한다는 것을 이해했기 때문에 자신들의 반응성에 희생되지 않았습니다. 그들은 어느 순간이든 두 가지 중 하나가 일어나고 있다는 더 큰 인식을 가지고 있었습니다. 어떤 일이 일어나든 그 일은, 자기 자신의 진정한 됨됨이가 자신에게 그대로 되비추어지고 있거나, 아직 해결되지 않은 자아의 측면이 계시되고 있는 중이라는 것입니다. 당신의 배우자, 상사, 자녀, 뉴스, 교통 체증, 직장에서의 바쁜 일과 등은 각각 특성과 매력을 지님과 동시에 결점 또한 갖고 있어서 당신에게 도전이 되어 주지만, 그것들은 모두가 다 당신 자신과 더 큰 조화를 이루도록 당신을 도와줍니다.

이런 관점으로 삶을 보기 시작하면, 모든 것이 달라집니다. 달아나고 숨기고 불편함을 피하는 대신, 그것을 자유의 문지방으로 받아들이게 됩니다. 당신은 모든 것을 보고, 경험하고, 포용하기 시작하면서, 자기 자신을 투사하고 반영하고 판단하는 게임을 더 이상 하지 않게 됩니다. 의식적으로 알아차리게 된 것은 더 이상 무의식적으로 붙잡고 있지 않게 됩니다. 마음을 닫고, 비난하고,

공격하고, 주의를 산만하게 하는 대신, 방아쇠가 당겨졌을 때 당신이 느껴야 할 것을 편안하게 느낄 수 있도록 당신 자신을 허용한다면, 당신은 해방의 맛을 알기 시작하게 될 것입니다.

친절하고 자비심이 많은 것은, 참자아의 본질에 더 부합합니다. 그렇기 때문에 더 높은 진동을 가지고 있습니다. 평화롭고 기쁨으로 가득 찬 협력적인 가정에서 사는 것은, 드라마, 학대, 수동적 공격 성향의 행위로 가득 찬 집에서 사는 것보다 더 높은 진동을 가지고 있습니다. 사랑스럽고 협력적인 환경에서 일하는 것은, 모두가 고함을 지르는 불안정하고 드라마로 가득 찬 직장에서 일하는 것보다 더 높은 진동을 생성합니다. 사랑하는 관계에 있다는 것은, 항상 싸우는 관계보다 더 높은 진동을 가지고 있습니다. 재미있고 영적인 영화를 보는 것은 범죄 영화나 공포 영화를 보는 것보다 더 높은 진동을 냅니다.

그러나 활동이나 상황 자체는 본질적으로 중요하지 않습니다. 당신이 활동하는 존재 상태와 삶을 수용하는 태도가 중요합니다. 외부 환경은 변화의 필수 조건이 아닙니다. 당신의 상태, 당신의 진동수를 결정하는 것은 당신의 내면의 연결 상태입니다. 내적이든 외적이든 신을 알기 위한 전제 조건은 없습니다.

테레사 수녀는 지구상에서 가장 가난한 사람들 속으로 들어가 불결한 환경에서 일했습니다. 빈민과 병자, 고아, 그리고 죽어가는 이들을 위해 헌신하였습니다. 수녀님은 거의 아무것도 소유하지 않고, 단순하고 소박한 삶을 살았습니다. 그러나 그녀는 영적 거인이었습니다. 그렇다고 해서 그녀가 삶에 대해 의문을 품거나 감정과 씨름하지 않았다는 의미는 아닙니다. 하지만 그녀는 그것들이 자신의 경험을 지배하도록 놓아두지 않았습니다. 그녀는 신과 하나됨 안에서 진실하게 사는 법을 보여주었습니다. 그녀는 스스로 자신의 환경을 선택했고, 그런 환경이 그녀의 연결 상태와 내면의 경험에 아무런 영향도 미칠 수 없었습니다. 참자아와 일치된 진실된 삶의 태도는 그녀로 하여금 늘 평화 가운데 살도록 해주었습니다.

당신의 외부 현실은 의식적으로나 무의식적으로 언제나 창조되고 있습니다. 당신의 진동적 공명은 항상 진화하고 있는 중입니다. 당신이 진화하면, 당신의 선택도 진화합니다. 그것은 너무나 자연스런 결과입니다. 당신이 자신의 에너지를 바꾸면, 당신의 인생이 바뀝니다. 변화는 당신의 공명, 당신의 진동 주파수의 자연스러운 가속에 관한 것이며, 이것이 진화의 토대입니다.

변화는 억지로 이루어질 수 없습니다. 예를 들어 봅시다. 신을 알기 위해서는 세상을 버려야 한다고 생각할 수 있습니다. 신을 알기 위해 세상을 버리는 그것이 당신의 본성 안에서 이루어지는 일이라면, 그것은 당신에게 긍정적이고 자연스럽게 느껴질 것입니다. 그러나 신을 얻기 위한 수단으로서 세상을 강제로 포기한다는 것은 더 많은 저항을 낳을 뿐입니다. 의식적 자각이 자연스럽게 이루어짐에 따라, 당신은 당신의 영혼과 일치하지 않는 행동을 점점 더 하지 않게 될 것입니다. 당신의 진동이 높아짐에 따라, 연민과 자비심이 자연스럽게 증가합니다. 그렇게 진동수가 높아지면, 당신의 내면 상태는 모든 외부적 집착으로부터 당신을 해방시킬 것입니다. 진동 변화는 당신의 상태를 더 높은 주파수로 이동시키고, 당신의 상태가 변할 때, 당신의 외부 생활은 유기적으로 조화와 균형을 찾을 것입니다.

당신이 경험한 모든 에너지는 당신 안에 흔적을 남깁니다. 당신이 육체적으로, 정신적으로, 감정적으로 섭취하는 모든 것은 당신의 진동 영역으로 들어갑니다. 그렇습니다. 당신이 무엇을 섭취하고 있는지를 알아차리고 의식적으로 선택하는 것은, 당신의 진동 상태에 도움을 주게 됩니다. 그러나 당신이 처한 환경의 모든 세부 사항을 언제나 관리할 수는 없는 일입니다. 그렇게 하려고 시도하는 것은, 피곤한 일일 뿐만 아니라 불가능한 일입니다. 그러니 주변 환경에 과도하게 초점을 맞추기보다는 내면에 닻을 내리고, 중심에 머무십시오. 그렇게 함으로써 당신 개인의 주파수는 영구적으로 확장되어 가도록 지원을 받게 됩니다.

고요해지고 주의를 안쪽으로 돌림으로써, 가능한 한 가장 높은 진동에 자신을 조율하십시오. 이 우주를 움직이는 생명력과의 연결이야말로 이 인생에서 가장 중요한 일입니다. 바깥살림이 아닌 안살림을 더 중요시하는 사람이 되십시오. 중심이 잡힌 사람은 안에서 밖으로 자신을 펼쳐 나갑니다. 가장 달콤하고 통통한 과일을 맺는 아름다운 정원을 가꾸듯이, 당신의 영혼과의 관계를 하루하루, 한 시간 한 시간, 함양시키십시오. 가장 높은 진동 주파수에 스스로 잠기십시오. 그러면 그것이 당신의 외적 살림살이에 그대로 반영될 것입니다.

이 우주를 움직이는 생명력과의 연결이야말로
이 인생에서 가장 중요한 일입니다.
바깥살림이 아닌 안살림을 더 중요시하는 사람이 되십시오.
중심이 잡힌 사람은 안에서 밖으로 자신을 펼쳐 나갑니다.

그러면 올바른 음식, 올바른 옷, 올바른 자동차, 올바른 직업, 올바른 파트너, 올바른 집이 당신을 찾아올 것입니다. 당신이 포함된 모든 시나리오들이 최고의 선을 나타내도록 인도될 것입니다. 당신이 당신의 참자아와 일치할 때, 당신은 자신의 것과 공명하는 진동을 끌어당길 것이고, 경험을 통해 그 공명을 느낄 것입니다.

여전히 도전에 직면하게 될까요? 그렇습니다. 그러나 당신은 그러한 어려움과 도전이 품고 있는 깊은 뜻을 깨닫고, 그 속에 감춰진 축복을 찾아내어 거둘 수 있을 것입니다.

당신이 당신의 참자아와 하나되기 시작할 때, 당신의 타고난 권리인 평화가 당신의 경험에 스며들기 시작합니다. 마침내 평화가 당신의 항구적인 상태가 될 때까지.

7

알아차림

역사상 가장 위대한 물리학자인 알베르트 아인슈타인은
말했습니다. "문제를 만들어낸 것과 동일한 수준의 의식으로는
문제를 풀 수 없다. 세상을 새롭게 보는 법을 배워야 한다." 당신의
가장 아픈 상처를 치유하는 방법도 마찬가지입니다. 상처를
만들어낸 것과 동일한 의식 상태로는 치유될 수 없습니다. 자신이
무가치하다는 믿음과 사랑 받을 자격이 없다는 낮은 자존감에서
해방되려면, 당신 자신을 더 높은 진동 주파수로 상승시켜야 합니다.
당신의 상처는 두려움에서 비롯되었고, 사랑을 통하여 치유될
것입니다.

**당신의 상처는 두려움에서 비롯되었고,
사랑을 통하여 치유될 것입니다.**

사랑의 햇살이 두려움의 얼음장을 녹입니다. 그것이 진정한
치유입니다. 이런 치유는, 여러 전통에서 신 또는 신성으로 알려진,
만물을 존재하게 하고 움직이는 하나의 의식, 하나의 에너지를
통해 생겨납니다. 이 에너지는 '존재하는 모든 것'입니다. 그것은
우주의 생명력이며, 한 개인 안에서는 두 가지 주요한 차원에서
작동합니다.

한 차원에서 보면, 이 에너지는 당신의 정신과 육체의 활동을
창조합니다. 근육의 움직임, 몸속 장기의 기능, 생각의 형성, 입술의
움직임, 머리카락의 성장, 미세한 모세혈관을 통한 혈액의 흐름과
같은 활동이 모두 이 에너지로 인해 생겨납니다. 눈으로 보는 단순한
기능에도 이루 말할 수 없이 복잡한 과정이 따르는데, 이런 작동을
가능하도록 연료를 공급하여 주변 세계의 모양과 윤곽을 볼 수
있게 해주는 것도 바로 이 장엄한 힘입니다.

다른 차원에서 보면, 이 에너지는 진화하는 힘으로서 자기 자신을
표현하는데, 이 힘은 인간이 판단 없이 스스로를 관찰할 수 있는

능력을 키울 때 생겨납니다. 우리가 인식 수준을 높이면, 이 변형적인 힘이 경락—몸 전체에 걸쳐 흐르는 광대한 에너지 네트워크—을 통해 움직이기 시작하여 막힌 통로를 열고, 조밀한 에너지를 녹여서, 우리로 하여금 우리 자신과 완전하게 조화를 이루게 해줍니다. 그리하여 우리는 혼돈에서 질서로, 분리에서 연결로, 무지에서 이해로 나아갈 수 있습니다. 고양된 인식 또는 의식적 관찰은 '개인화' 경험을 해소하고, 참자아를 감추는 모든 것을 용해시킬 수 있는 능력을 가지고 있습니다. 그렇게 닫힌 자아의식이 열리게 되면, 보편적인 사랑, 하나됨, 연결의 경험이 가능하게 됩니다.

더 높은 수준의 자각이 싹트기 시작하면, 당신 내면의 진화적 힘은 당신 내면에서 해결되지 않은 모든 것이 경험되고 수용될 수 있도록 표면으로 떠오르게 합니다. 당신은 자신이 주변 사람들에게 매우 성급하고 비판적인 사람이었음을 알게 될지도 모릅니다. 낯선 사람들을 만나는 것만으로도 짜증이 날지도 모릅니다. 혹은 슬픔이나 분노, 그밖의 다른 고통을 느낄 수도 있습니다.

내가 아는 한 청년의 형은 다른 사람들과 의사소통을 할 수 없을 정도로 심각한 정신병적 장애가 있었습니다. 그 청년은 그동안 밀착되어 살아온 자신의 형이 그렇다는 사실을 알고는 충격을 받았습니다. 너무나 고통스러웠습니다. 어둠 속에서 길을 잃은 것 같았습니다. 그럼에도 불구하고 그는 의식적인 자각을 하기 시작했고, 그로 인해 슬픔, 고통, 두려움, 무력감의 파도가 밀려왔지만 그런 감정들에 굴복하지 않고 있는 그대로 받아들였습니다.

그는 형을 도울 수 있는 최선의 방법은 자신이 할 수 있는 한 사랑을 키우는 것임을 깨달았습니다. 그는 사랑이 자기 안에, 고통과 두려움의 모든 층 반대편에 있다는 것을 알았습니다. 짙은 감정이 밀려오자, 그는 그것을 느끼고 방출될 수 있도록 스스로 허용했습니다. 여유 공간이 마음속에 만들어졌고, 정신질환자와 그 가족들에 대해 공감대가 생겨났습니다. 삶이 가지고 있는 연약함을 인식하고, 그런 인생을 충만하게 살아가는 것의 중요성을 실감하게 되었습니다.

그는 결국 내적으로 변화되었고, 그의 그런 변화는 그의 삶 속에 고스란히 반영되었습니다. 그는 더 이상 가슴이 원하지 않은 직장을 그만두고, 다른 도시로 이사를 갔고, 한때 원했었지만 가기가 너무 두려워했던 방식으로 살기 시작했습니다. 이 진동적 변화를 통해 그는 마치 새로 태어난 사람처럼 변신을 했습니다.

당신은 당신 안에 있는 신 의식Divine Consciousness의 힘을 통해 지금 바로 진동적 변혁을 시작할 수 있습니다. 자신이 처한 상황에 대해 얼마나 부정적으로 생각하고, 자신을 얼마나 실패자로 여기든,

인간관계에 얼마나 절망했든, 바로 지금 여기에서, 당신에게는
분명히 초월적인 부분이 있습니다. 어떤 방식으로도 변경되거나
고쳐지거나 손상될 수 없는 부분이 당신에게는 이미 존재합니다.

자신이 처한 상황에 대해 얼마나 부정적으로 생각하고,
자신을 얼마나 실패자로 여기든, 인간관계에 얼마나 절망했든,
바로 지금 여기에서, 당신에게는 분명히
초월적인 부분이 있습니다. 어떤 방식으로도 변경되거나
고쳐지거나 손상될 수 없는 부분이 당신에게는 이미 존재합니다.

가까운 사람(여자친구, 남자친구, 배우자, 형제자매)으로부터
날카로운 비판을 받았다고 가정해 봅시다. 당신은 수치심에
휩싸이고, 타는 듯한 고통을 느끼기 시작합니다. 대화가 끝난 지
얼마 후, 뭔가 친숙한 느낌이 당신을 덮쳐옵니다. 예전에 한 번도
입밖에 내본 적이 없는 말이지만, 당신은 이렇게 혼잣말을 합니다.
"나를 이렇게 불러내서 피곤하게 하다니 정말 지겹다! 나는 왜
입만 열면 어리석은 말만 하는 것일까. 창피하다, 창피해. 그는
나를 완전히 실패자로 보는 것 같아."

이렇게 무거운 에너지는 대개 언어적 폭발이나 반격의 형태를 취할 것을 선동합니다. 당신이 상처받은 만큼 그 사람에게 상처를 입히라고 속삭입니다. 하지만 이런 익숙한 습관으로 돌아가는 대신, 현재 순간에 깨어 있으십시오. 자각의 힘을 사용하십시오. 당신의 느낌을 주시하시고, 고요히 앉아 있어 보십시오.

마음속으로 끊임없이 주석을 달곤 하는 '내면의 주절거림'에 희생양이 되는 것을 멈추고, 그저 그런 자신을 지켜보기만 하십시오. "그녀는 항상 나에게 열등감을 안겨주는 것 같아. 그녀는 사실 곤란과 어려움을 겪을 필요도 없었지. 만지는 것마다 금으로 변하는 마이더스처럼, 하는 일마다 모두 잘 되었으니까. 그녀는 나에게 너무 과분해. 나는 아무래도 그녀의 기대에 미치지 못할 것 같아." 그런 생각이 든다면, 긴장을 풀고, 몇 차례 심호흡을 하고, 현재의 상황에서 몇 걸음 뒤로 물러나서 지켜보십시오. 그냥 지켜보기만 하십시오.

마음은 때로 불협화음을 오히려 부추기고 내부 저항을 생생하게 유지하려고 하면서, 그러기 위해 자신의 가용 자산을 남김없이 사용하곤 합니다. 하지만 당신에게는 선택권이 있습니다. 그 상태 그대로 중립적으로 지켜보는 자로 남을 수도 있습니다.

어쩌면 도망치거나 회피하고 싶을지도 모릅니다. 하지만 그렇게 퇴각하려는 욕망에 저항하십시오. 스마트폰을 들여다보지 말고,

그대로 두세요. 알코올도 가까이하지 마십시오. 몸의 느낌을
알아차리십시오. 무거운가요? 쓰라린가요? 그런 느낌이 당신의 태양
신경총 주위에서 일어나고 있습니까? 목 부분에서 그런 느낌이
올라오는 것 같습니까? 당신이 현재에 머무는 한, 존재의 가벼움,
존재의 밝음은 무겁고 칙칙한 에너지에 추진력을 다시 불어넣어
줍니다. 그냥 지켜보면서, 그 무거움을 느껴 보세요. 그것에
의식적인 자각의 빛을 비추십시오.

처음에는 내면의 불편함에 휩싸여 혼자 있기가 어려울 수
있습니다. 당신은 목표를 갖고 달려가도록 훈련되어 왔고, 사사건건
자기 의견을 갖거나 창조하게 되어 있었습니다. 당신은 고도의
수행 능력과 적은 유지보수 비용 및 빠른 전달을 위해 프로그래밍된
전문적인 인간이어서, '있음'보다는 '행함'에 길들여져 왔습니다.

무엇보다도, 어릴 때부터 의식적으로나 무의식적으로 슬픔은
연약함으로, 스트레스는 부정적인 것으로, 분노는 잘못된 것으로,
외로움은 피해야 하는 것으로 배워 왔습니다. 분노 같은 불편한
감정이 생기면, 첫 번째 반응은 그것에 '용납할 수 없는 것'이라는
딱지를 붙입니다. 그런 다음엔, 그것을 느끼는 자신을 나쁜 사람으로
낙인찍습니다. 그런 감정은 아버지의 분노, 어머니의 희생, 또는
자신의 정서적 학대에 대한 기억을 촉발하고, 고통스러운
삼스카라의 홍수를 몰아오기 십상입니다. 당신은 마치 늪에 빠진

듯한 느낌을 받습니다.

이런 자동적인 프로세스를 밀어내거나 종료하려면 어떻게 해야 할까요? 분노를 거부해야 합니다. 당신의 거부는 그것을 구겨넣거나, 눈에 띄지 않게 치워버리거나, 당신 내면 어느 구석엔가에 처박혀 나오지 못하도록 하는 형태를 취합니다. 당신은 참고, 이를 갈고, 자기 자신을 탓하고, 가버립니다. 이러한 연쇄 반응 전체가 몇 초 안에 발생합니다.

그리하여 분노를 재활성화할 만한 상황을 어떻게든지 피하려고 하는 일이 반복됩니다. 그렇게 하려면, 당신의 욕구와 필요를 억제해야 하고, 욕망을 억누르고, 당신의 소리를 내지 말아야 합니다. 시간이 지남에 따라 이러한 해결되지 않은 감정은, 세상 속에서 친밀하게, 진정성 있게, 강력하게 상호작용하는 능력을 제한합니다. 그리하여 당신의 삶은, 날이면 날마다 제공받아야 하는 풍요로움으로부터 차단되어 곤란을 겪게 됩니다.

감정 Emotion은 e + motion, 즉 '움직이는 에너지 Energy in Motion'라고 할 수 있습니다. 높은 진동 에너지는 빠르게 흐르는 강물과 같은 운동량을 가지고 있습니다. 낮은 진동 에너지는 당밀이나 젖은 시멘트와 같이 더 정적이고 밀도가 높습니다. 낮은 진동 에너지 상태에서는 더 많이 판단하고, 저항하고, 거부하는 바람에 느껴지지 않은 채로 남겨진 감정이 많아집니다. 그럴수록 에너지가 더 조밀해져서 당신의 진동 시스템 내에 수렁을 형성합니다. 이런 감정은 좋은 것이고 저런 감정은 나쁘다는 것이 아닙니다. 어떤 감정이든 다 나름대로 목적이 있게 마련입니다. 감정이란 단순히 움직이는 에너지일 뿐입니다. 중요한 것은, 당신이 그 에너지에 어떻게 반응할 것인지—솟아나는 감정에 저항할 것인지, 솟아나는 대로 허용할 것인지—입니다.

진실은, 그 에너지를 당신이 원하지 않는 것과 마찬가지로 그 에너지 또한 당신 안에 있기를 원하지 않는다는 것입니다. 그러나 당신은 그것을 느끼기를 거부함으로써 알지 못하는 사이에 그것을 제자리에 붙잡아두고 있으며, 그렇게 함으로써 그 에너지로 하여금 당신에게 힘을 행사하도록 허용하고 있습니다.

당신이 저항하거나 판단하는 모든 감정은 시스템에 부담을 줍니다. 행복에 저항하는 사람은 없습니다. 그러나 두려움이나 슬픔에는 저항하는 사람이 많습니다. 중요한 것은, 어떤 감정 에너지이든, 그 에너지를 어떻게 다루느냐입니다. 당신은 분노가 일어나면 어떻게 합니까? 저항하려고 하지 않나요? 수치심이 생기면, 외면하고 싶은 마음이 들지 않나요? 죄책감이 들고 두려운 마음이 들면, 그것을 자기 자신이라 생각하고는 곧바로 자아비판에 열중하지는 않나요?

자아비판은 저항을 만들어냅니다. 마치 지혈대처럼, 흐르고 싶어

하는 에너지를 가로막습니다. 자기부정과 억압은 두려움에 의해 촉진되는 자기보호 본능에 따라 이 지혈대를 확보하는 데 쓰이는 도구입니다. 에너지 흐름을 가로막는 이러한 제한은 왜곡, 중독, 강박 및 의존성을 만들어냅니다.

너무나 오랫동안, 당신은 스스로 망가졌다고 믿었던 자아를 고치기 위해 미친 듯이 달려왔습니다. 당신은 수많은 자기계발 부문의 서적을 읽었고, 여러 차례 자신의 문제에 대해 이야기했으며, 여러 워크숍을 거쳤습니다. 그러나 이런 시도는 대부분 생각을 바꾸려고 하거나 멋진 영적 개념의 인상적인 레퍼토리를 구축하는 데에 중점을 둡니다. 우리가 논의하는 것은, 우리들 내면의 에너지 변화를 경험하는 것입니다. 이는 앎에 관한 것이 아니라 매 순간 우리의 진정한 자아와 연결되어 사는 것에 관한 것입니다. 우리가 자기 자신을 위해 현존하기 시작하고 지금 이 순간을 온전히 흠뻑 느끼기 시작할 때, 우리는 더 높은 주파수를 구현하기 시작하여, 더 가벼워지고, 더 자유로워지고, 더 평화로워집니다.

이렇게 되려면, 어느 시점에서든 당신은 당신 자신의 보살핌과 관심을 절대적으로 받을 가치가 있다는 것을 알아야 합니다. 자신의 삶을 새롭게 바라보는 법을 배워야 합니다. 자신이 경험한 특별한 사건이나 일시적으로 탐닉했던 일들로 인해 인생관이 형성되기 쉽지만, 거기에 의존하지 않고 객관적으로 자기 인생을 바라볼

우리가 자기 자신을 위해 현존하기 시작하고
지금 이 순간을 온전히 흠뻑 느끼기 시작할 때,
우리는 더 높은 주파수를 구현하기 시작하여,
더 가벼워지고, 더 자유로워지고, 더 평화로워집니다.

수 있어야 합니다. 현재 순간의 가능성에 뿌리를 둔 인생관이 새롭게 정립되어야 합니다. 중요한 것은 인생의 이정표만이 아닙니다. 결혼이나 승진, 학위 같은 것보다 훨씬 더 중요한 것이 있습니다. 당신은 대인관계나 해야 할 일들의 목록, 자녀나 경력보다 당신 자신의 웰빙을 우선시하는 법을 배워야 합니다. 분노, 자기혐오, 수치심을 있는 그대로 받아들이면서 지금 여기에서 오롯이 당신 자신과 더불어 있는 법을 터득하는 것이야말로, 평화로 충만한 존재를 창조하는 열쇠입니다. 곤란과 어려움, 애끓는 마음, 위기, 고통을 포함한 현재 경험의 모든 것이 당신으로 하여금 당신 자신의 에너지 표현을 극대화하도록 돕는 도우미들입니다. 어떤 경험이든 당신은 지금 당신 자신에게 꼭 필요한 경험을 하고 있는 것입니다.

예를 들어 보겠습니다. 치울 줄을 모르는 당신의 룸메이트는 식사를 하고 나서도 싱크대를 접시로 가득 채워놓기 일쑤입니다.

룸메이트의 공유 공간에 대한 인식 결여와 게으름은 당신을 화나게 하곤 합니다. 당신은 그녀를 생각할 때마다 속이 부글부글 끓어오릅니다. 한바탕 퍼붓고 싶을 때가 한두 번이 아닙니다. "더 이상은 참아줄 수가 없네. 그녀는 너무 게으르고 무책임해. 어쩌면 이렇게 무개념일 수가 있담. 화장실 사용법조차 몰라. 혼자서 쓰는 집이 아니잖아! 동거인인 나를 도대체 뭘로 보는 거야? 집세조차 제때 낼 줄을 몰라. 매번 잔소리를 해야만 겨우 내놓으니, 언제까지 이래야 한단 말인가? 난 그녀의 시중꾼이 아니지 않는가! 아무래도 이사를 가야 할까 봐." 이런 상황에 대한 감정적 반응의 강도가 지나치게 비논리적이고 열성적이라면, 당면한 상황보다는 어린 시절에 겪은 모종의 사태와 더 관련이 있을 가능성이 큽니다.

사실은 너무나 단순합니다. 당신의 룸메이트가 설거지를 하지 않았다는 것뿐입니다. 그것이 일어난 일의 전부입니다. 당신이 룸메이트의 습관적인 행동에 영향을 받곤 한다면, 당신은 현실의 희생자입니다.

당신의 감정을 촉발하는 메신저(예를 들면 룸메이트)를 비판하는 대신, 일단 멈춰서 마음을 가다듬고, 숨을 깊이 들이쉬고, 지금 이 순간을 깨어서 지켜보도록 하십시오. 당신 안에서 어떤 감정이 일어나는지 지켜보기만 하십시오. 일어나고 있는 감정을 충분히 느끼십시오. 지금은 삼스카라가 경험으로 떠오르고 있는 중입니다.

인생의 어느 시점에서인가, 당신은 트라우마를 겪었고, 그것을 온전히 느낄 수 없었거나 느끼지 않으려고 했습니다. 이제 그것이 다시 나타난 것은, 당신으로 하여금 멈추어서, 보고, 느끼고, 온전히 경험하고, 놓아버릴 수 있도록 하기 위해서입니다. 계속 심호흡을 하고, 깨어 있는 의식으로 자신에게 집중하십시오. 잠시 후에는(더 길 수도 있지만), 중립의 입장이 되어 상황을 처리할 수 있을 것입니다. 당신은 룸메이트에게 가사 분담에 대해 할 말이 여전히 많겠지만, 피해자의 입장이나 분노에 찬 상태에서는 하지 않을 수 있을 것입니다. 즉각적이고 반사적인 반응은 하지 않게 될 것입니다. 연습을 통해, 감정적이지 않고 사랑이 담긴 어조로 주도적인 입장에서 대처하는 법을 터득하게 될 것입니다.

당신이 얼마나 진화했는지에 상관없이, 사람들은 계속해서 당신의 버튼을 누를 것입니다(당신이 오래된 패턴을 풀어놓아줌에 따라 당신의 버튼은 바뀔 것입니다). 하지만 당신의 진동에 변화가 오게 되면, 당신은 당신의 감정에 대해 다른 사람에게 책임을 묻는 대신, 우아하고 편안한 마음으로 순풍에 돛 단 듯이 일을 진행시켜 갈 수 있을 것입니다. 결국, 한때 당신을 몰아치게 했던 일이나 무너지게 한 일에도 당신은 눈 한 번 깜박이지 않고 받아넘길 수 있게 될 것입니다.

이는 하루 만에 벌어질 수 있는 일이 아닙니다. 나는 말로 표현할 수 없는 학대를 당했거나 사랑하는 사람을 잃었거나 지속적인 궁핍 속에서 고통을 받는 등 가슴 아픈 상황을 겪은 수많은 사람들을 만났습니다. 하지만 그런 상황 속에서도 아무런 판단 없이 지켜봄과 동시에 자기연민으로 자신들의 고통을 해결하고, 억압된 것들을 풀어주고, 힘을 얻어서 행복한 삶을 사는 사람들도 있었습니다. 그 모든 것은 각 개인이 그 순간에 어떻게 대응하는지에 따라 달라집니다.

다음의 사례를 생각해 보십시오. 두 엄마가 공원에 앉아서 자기 아이들이 그네에서 노는 것을 조심스럽게 지켜보고 있습니다. 그런데 두 엄마는 모두 자기 아이가 넘어지고 무릎이 벗겨지는 것을 봅니다. 한 엄마는 아이에게 달려가 팔을 잡고 즉시 아이의 행동을 꾸짖기 시작합니다. "이깐 일을 가지고 왜 울고 있니? 넌 울보가 아니야! 나는 그렇게 키우지 않았어. 이런 일을 갖고 징징 울다니 정말 어이가 없다." 갑작스럽게 넘어지고 상처가 나서 아프고 두려움에 찬 이 아이는 자기 엄마의 말투와 몸짓에서 더 큰 상처를 입습니다. 아이들은 감정 에너지에 극도로 민감합니다. 그 아이는 무섭고 아픈데다 자신의 존재마저 부정당하고 있습니다.

다른 엄마는 아이에게 달려가 무릎을 꿇고, 아이에게 관심과 사랑을 보여줍니다. "아이쿠, 심하게 넘어졌구나. 어디가 어떻게 아픈지 말해줘. 넌 정말 용감한 아이야. 내가 무릎을 살살 만져줄까?

조금만 참아라, 응?" 이 아이는 자신이 안전하고, 사랑과 보살핌을 받고 있다고 느낍니다. 아이는 다시 일어나, 그네를 더 잘 타고 말겠다고 마음을 다져먹습니다.

삶의 모든 순간마다, 당신은 엄마이기도 하고 아이이기도 합니다. 자기 자신을 비판해 마지않는 첫 번째 엄마처럼 반응하면, 변신의 가능성을 스스로 앗아가는 것입니다. 두 번째 엄마처럼 반응하면, 상처받고 약해질 때 자신을 돌아보고 온전함으로 돌아갈 수 있는 열린 마음이 됩니다.

고통스러운 상황은 우리를 불안하거나 두려워하게 만듭니다. 불안과 두려움이 덮쳐오면 우리는 현재 상태에 머물면서 자신의 감정을 알아차리고 자신을 받아들이는 대신, 고통스럽고 가혹한 질책을 유발하는 해묵은 스토리 라인의 먹잇감이 되고 됩니다. 때로 우리는 단순히 자기 자신의 느낌을 밀어냅니다. 그러나 이것은 똑같은 불안을 우리가 다시 경험해야 한다는 것을 보장할 뿐입니다. 왜냐하면 의식적인 자각에 이르는 길은, 우리의 감정적 내용에 대해 아무런 판단 없이 수용하고 연민어린 마음으로 지켜보는 것만을 요구하기 때문입니다.

수용과 연민이 곁들어지는 모든 도전은 자유로 이어집니다. 곤란과 어려움에 대한 도전은 당신이 그 반대편으로 가기 위해 통과해야 하는 문과 같습니다. 그에 비해, 수용은 모든 것을 여는 열쇠입니다. 당신 안에는 공감과 연민의 엄청난 능력이 있습니다. 이것은 가장 높은 진동이며, 가장 진정한 인간의 자질입니다.

수용과 연민이 곁들어지는 모든 도전은
자유로 이어집니다.

밀도 높은 감정에 직면하는 것은 벅차고 고통스럽고 심지어 두려울 수 있지만, 깊이 파고들어 당신의 두려움, 의심, 자아비판을 멈춰 세울 수 있다면, 당신은 성취를 향한 장엄한 길을 시작하게 될 것입니다.

당신 자신을 꼭 껴안아 주십시오. 당신이 인지한 당신 자신의 불완전함과 화해하고, 고양되고 새로워진 사랑의 강물이 당신을 통해 흘러가는 것을 느껴 보십시오.

8

있는 그대로 받아들이기

　당신이 그동안 울고 웃고 아파하면서 살아온 것은 사회와 세상이
주입시킨 조건에 따라 그렇게 반응해 온 것일 뿐이었음을 자각하게
되면, 다음 단계는 주입된 조건에 따라 반응하지 않고, 일어나는
일들을 있는 그대로 받아들이는 것입니다. '수용'은 최적의 진동
상태에 이르는 문입니다. '하나됨'으로 가는 가장 빠른 길입니다.
그것은 모든 것과 조화롭게 사는 것을 의미합니다. 당신 자신과,
당신의 현실과, 그리고 펼쳐지고 있는 모든 것과. 수용은 에너지를
흐르게 해주고, 삶이 더 높은 진동, 더 진화된 상태, 그리고 확장된
이해로 자연스럽게 나아가도록 지원합니다.

수용은 에너지를 흐르게 해주고,
삶이 더 높은 진동, 더 진화된 상태, 그리고 확장된 이해로
자연스럽게 나아가도록 지원합니다.

어떤 분들에게는 '완전한 수용'이라는 것이 터무니없는 소리로
들릴 것입니다. 삶이 엉키고 엉켜서 어디에서도 풀릴 기미를 찾을
수 없는 사람일수록 그럴 것입니다. 사랑 없는 결혼 생활을 하고,
만성 질환과 싸우고, 영혼 없는 직업을 갖고서 날마다 고문을
당하듯이 살아가는 사람들이 적지 않습니다. 탈출할 가능성이
보이지 않는 큰 빚을 걸머지고 살아가는 사람들도 있습니다. 물질
살림이 탁탁해서이든 인간관계 때문이든, 사는 것이 내적으로나
외적으로 마치 감옥살이하는 것처럼 여겨지는 분들에게는, 그런
한계 상황 속에서 조화를 찾는다는 것이 너무나 머나먼 나라의
이야기로 여겨질 것입니다. 그러나 진동적 변혁의 관점에서 보면,
당신이 현재 그처럼 어려운 자리에 처해 있는 이유는 당신이 당신의
현실에 저항하고 있기 때문입니다.

저항이란 무엇일까요? 저항은 두려움입니다. 내면에서 일어나고
있는 일을 있는 그대로 느끼기를 꺼리는 것입니다. 저항은 에너지를

그 자리에 잠가버립니다. 저항은 추진력, 진화, 그리고 확장을 멈춰 세웁니다. 저항은 지금의 형편과 처지에 대한 불만이고, 그것을 통제하려는 시도입니다. 저항은 현실에 대한 당신의 판단과 거부입니다. 예를 들어보겠습니다.

저항은 에너지를 그 자리에 잠가버립니다.
저항은 추진력, 진화, 그리고 확장을 멈춰 세웁니다.

배우자가 늘 겉돌기만 하여 당신과 일치를 이루기 어렵고, 비판의 말을 늘 달고 살고, 파트너이자 부모로서 자기 역할을 이미 포기한 사람 같습니다. 상황이 그러함에도, 당신은 더 나아질 그 어떠한 희망도 갖지 못합니다. 살아갈 추진력을 잃어버린 것입니다. 해를 거듭하여 그렇게 살아오다 보니, 당신은 '내 팔자는 겨우 이 정도'라고 믿어 버리고, 그래서 점점 더 깊은 절망에 빠져갑니다.

어쩌면 만성질환이라는 진단을 받고 인생은 공평하지 못하다는 분노로 가득 차 있을지도 모릅니다. 당신은 지금의 처지를 있는 그대로 받아들이기를 거부합니다. 당신은 지금껏 법과 규칙을 잘 지키며 살아왔습니다. 어떻게든 잘 살아보려고 모든 것을 다

바쳤지만, 돌아온 것은 겨우 이것뿐입니다. 신은 결코 정의롭고 공평한 것 같지 않습니다! 당신은 술을 끊을 생각도 하지 않고, 식습관이나 운동 습관, 라이프스타일을 바꾸려고도 하지 않습니다.

달이 가고 해가 갈수록 지겨움만 더해가는 직장에서 마지못해 수십 년을 보냈을지도 모릅니다. 승진의 기회는 번번이 당신을 빠뜨리고 지나가고, 이제 당신은 상사가 당신에게 앙심을 품고 있다고 믿기까지 합니다. 직장에서는 모든 사람들을 이러쿵저러쿵 판단을 하며 앉아 있습니다. 최소한의 일만 하고, 동료들 사이에 불화를 부채질하곤 합니다. 은퇴할 날을 손꼽아 기다리면서, 상황이 바뀌면 인생이 마법처럼 달라져서 행복과 성취감이 다시 찾아올 것이라고 생각합니다.

돈은 늘 충분하지 않습니다. 아니, 늘 허덕입니다. 이러다간 재정 파탄이 올지도 모른다는 두려움 때문에 잠을 이루지 못하기 일쑤입니다. 파산이나 압류로 인해 무일푼으로 집에서 쫓겨나는 것이 남의 얘기가 아닌 것 같습니다. 신용카드 청구서가 우편으로 도착할 때마다 배우자에게 소리를 지르고, 더 나은 급여를 받지 못하는 배우자를 은근히 미워합니다. 자신과 가까운 모든 사람들을 밀어내기 시작합니다. 자신이 얼마나 열심히 일하고 있는지, 돈을 얼마나 알뜰히 쓰려고 애쓰는지, 아무도 몰라준다고 생각합니다. 월급날이 되면, 현금이 바닥날 때까지 동네 술집에 몰래 들어가

술을 마셔야만 합니다.

현실을 있는 그대로 받아들이지 못하고 저항하는 것은, 대개 두 가지 형태로 나타나는 것 같습니다. 집착과 혐오. 집착은 당신의 고통을 끝장내고 당신을 행복하게 해줄 것이라고 믿는 것들과 상황을 붙들려고 하는 욕심입니다. 혐오는 불행과 고통을 야기하고 있다고 당신이 믿는 것들과 사람들을 밀쳐내려는 마음입니다.

당신은 상황이나 사람이 변하지 않기를 바라면서 거기에 집착할 수도 있고, 지금의 상황이나 사람의 상태를 못마땅해할 수도 있습니다. 젊음과 아름다움으로 빛나는 스물한 살로 남고 싶어 할 수도 있고, 어느덧 육십을 넘겨서 노화의 징후가 나타나는 것이 싫을 수도 있습니다. '성공'으로 여겨지는 특정 결과에 집착하고, 어떤 종류든 '실패'를 싫어할 수도 있습니다. 고통을 싫어하고, 고통에서 벗어나려고 집착할 수도 있습니다. 삶이 무너질 때마다 사람들의 관심이 집중되는 바람에 '나는 희생자'라는 고정관념이 가슴에 박혀버린 경우도 있습니다. 어떤 사람들은 더 이상 고통에서 벗어날 길이 없다고 믿고는 삶을 끝내고 싶어 합니다. 이 모두가 저항입니다.

집착으로 인해 얼마나 많은 시간을 할애하고 있는지, 생각해 보십시오. 사람들은 자신이 어떻게 생겼는지에 대해, 사람들이 자신의 말에 어떻게 반응하는지에 대해 집착합니다. 자신의 집이 얼마나 인상적인지, 은행 계좌에 얼마나 많은 액수가 찍혀 있는지, 얼마나 괜찮은 자동차를 타고 다니는지, 자신의 아이들이 일류 대학에 진학한 것에 대해 사람들이 얼마나 부러워하는지에 집착합니다. 인스타그램 팔로워 수에도 집착합니다. "아니, 나는 그런 것에 대해 신경 쓰지 않아."라고 말할지도 모릅니다. 그러나 어느 날 갑자기 8명이, 80명이, 800명이, 8,000명이 당신을 따르기를 중단했다고 상상해 보십시오. 당신이 다른 사람들의 의견에 얼마나 민감한지에 상관없이, 어떻게든 속으로는 적잖이 실망할 것입니다.

반감이나 혐오로 인해 얼마나 많은 시간을 할애하고 있는지, 생각해 보십시오. 낭만적인 귀촌이나 귀향을 꿈꾸면서 자신의 현실이 그런 비전과는 너무나 거리가 멀다고 생각하고는 마음이 늘 허공을 떠돌고 있는 것은 아닌지요? 몸은 영혼의 성전이라고 알고 있으면서도 정작 자신의 몸에 대해서는 비판을 서슴지 않습니다. 거울을 볼 때마다 "여기가 조금 더 가늘었으면, 저기가 조금 더 컸으면 훨씬 더 나아질 텐데."라고 불평을 일삼을지도 모릅니다.

현재의 재정 상태에 저항할 수도 있습니다. "연간 5만 달러만 더 벌 수 있다면 영적 성장에 집중할 수 있을 만큼 여유가 생길 텐데." 또는 "돈은 내 팔자에 없는 것 같아. 나는 늘 허덕이면서 살 팔자인 모양이야." 당신의 불쌍한 마음은 저항에 갇혀 이런저런 밀고 당기기, 이런저런 계산 등으로 시간을 보내는 자신을 어쩌지 못합니다. 깊은 고요와 평화, 조화, 안락한 삶과는 너무나 거리가 멉니다.

당신은 또한 자신이 키운 농산물이나 가축을 가지고 주립 박람회 the state fair에 참가한 사람처럼, 당신의 노력이 얼마만한 성과를 거둘 수 있을지, 특정 결과를 기대하고 거기에 집착합니다. 기왕이면 큰 상을 받고 싶습니다. 그러나 우리 모두는 인생이 항상 그런 식으로 작동하지는 않는다는 것을 잘 알고 있습니다. 대부분의 경우, 투자 수익은 생각하거나 계획한 대로 나지 않습니다. 결과에 너무 집착하다 보면, 좌절하거나 화를 내거나 세상이 잔인하다고 느끼게 되기 쉽습니다. 그렇지 않으면, 국면 전환을 한답시고 에너지를 더욱 위축시키고, 통제의 환상에 더 단단히 집착하고, 스스로를 분리시켜서 어둡고 외진 곳으로 찾아 들어갑니다.

저항은 아무 쓸모가 없습니다. 집착이나 혐오에 얽매이는 것은 스스로를 피곤하게 하는 일이며, 뜻대로 되는 경우가 거의 없습니다. 때로는 원하는 것을 다 가졌다는 생각에 행복하다고 느낄 때가 있습니다. 그러다가 상황이 나빠지면 낙심하게 됩니다. 누군가가 칭찬해 주면 기분이 날아갈 듯이 좋아졌다가, 다른 누군가가 폄하하면 날개가 꺾인 듯 만사가 시들해집니다. 수입이 늘어나면 세상을 다 가진 것처럼 행복해집니다. 그러나 돈을 잃고 나면 금방

풀이 죽습니다. 만사가 이런 식입니다. 아마, 그림이 그려질 겁니다.

육체적, 심리적, 감정적, 영적 기복의 시소게임에서 어떻게 해야 벗어날 수 있을까요? 참자아와 다시 연결되는 것만이 유일한 해법입니다. 그때만이 우리는 우리가 하는 '모든 경험'이, 아무리 도전적이거나 받아들이기 어려운 경험이라도, 우리가 그것을 얼마나 제한된 관점으로 바라보든 상관없이, 우리 자신을 최고도로 표현할 수 있도록 우리를 인도하고 있는 중이라는 것을 신뢰하기 시작할 수 있습니다.

우리는 우리가 하는 '모든 경험'이,
아무리 도전적이거나 받아들이기 어려운 경험이라도,
우리가 그것을 얼마나 제한된 관점으로 바라보든 상관없이,
우리 자신을 최고도로 표현할 수 있도록
우리를 인도하고 있는 중이라는 것을
신뢰하기 시작할 수 있습니다.

고대 중국에서 전해져 온 이야기가 있습니다. 중국의 변방에서 한 노인이 살고 있었습니다. 어느 날, 노인이 기르던 말이 국경을

넘어 오랑캐 땅으로 도망쳤습니다. 당시에는 말이 생계를 유지하는 데에 아주 귀중한 재산이었습니다. 소식을 들은 동네 사람들이 농부의 집으로 찾아와서 "정말 안됐습니다. 이를 어찌합니까." 하고 노인을 위로했습니다. 하지만 노인은 의외로 담담했습니다.

몇 달이 지난 어느 날, 도망친 말이 세 마리의 야생마를 데리고 돌아왔습니다. 기쁜 소식을 들은 동네 사람들이 몰려와서 축하해 주었습니다. "정말 운이 좋으시군요." 이웃들의 축하에도 노인은 "그런가요?"라고 할 뿐, 그다지 기쁜 내색을 하지 않았습니다.

그로부터 며칠 후, 노인의 아들은 새로 들어온 말을 길들이겠다며 타다가 말에서 떨어져 다리가 부러지고 말았습니다. 마을 사람들이 걱정스런 표정으로 노인을 위로했습니다. "끔찍한 일이 벌어지고 말았군요. 이런 일이 벌어질 줄 누가 알았겠습니까?" 하지만 노인은 이번에도 무표정이었습니다.

아들이 다리가 부러진 지 얼마 지나지 않아, 북방 오랑캐가 침략했습니다. 나라에서는 징집령을 내려 젊은이들을 모두 싸움터로 내몰았습니다. 하지만 다리가 부러진 노인의 아들은 전장에 불려가지 않았습니다.

이야기는 더 이어지지만, 요점은 분명합니다. 노인은 참자아에 뿌리를 둔 삶을 살고 있었던 것이 분명합니다. 이것이 저것을 낳고 저것이 그것을 낳는 인과의 연속선상에서, 그는 기쁨과 슬픔에 번갈아가며 자신을 팔아버리지 않았습니다. 기쁜 듯 보이는 일에도 이미 슬픔이 예비되어 있다는 것을 알고 있었던 것일까요? 슬픈 일이라도 그것이 그저 슬프기만 한 것이 아니라 다른 쪽 측면도 있다는 것을 이미 터득하고 있었던 것일까요? 그는 사건이 일어날 때마다 거기에 매몰되지 않고 '거리두기'를 아주 잘했던 것 같습니다. 그는 자신의 삶을 과거와 현재와 미래에 매이지 않는 넓은 시선으로 바라보면서, 흔들리지 않는 신뢰 속에서 '있는 그대로'를 수용하며 살았습니다. 우리가 노인처럼 삶을 신뢰할 때, 우리는 지금 여기에서 진동 변화의 마법이 펼쳐지도록 허용할 수 있는 마음의 여유를 가질 수 있습니다.

이를 위해, 지금 여기에서 일어나는 일들을 있는 그대로 받아들이는 연습에 여러분을 초대합니다. 조용한 장소에서 편안한 의자에 앉으십시오. 방해받지 않을 수 있는 곳이면 다 괜찮습니다. 아름다운 정원에 자리잡거나 공원에 갈 수도 있겠지요. 다음에 제시된 문장들을 한 문장씩 큰 소리로 읽으십시오. 한 줄 한 줄 말한 후, 깊이 숨을 들이쉬고 내쉽니다. 말의 에너지가 당신의 존재를 관통하도록 허용하십시오. 어떤 문장에서는 울고 싶다고 느낄 수도 있습니다. 해방된 기분을 느끼게 하는 문장도 있을 수 있고, 전혀 아무런 느낌이 없는 문장도 있을 수 있습니다. 그것은 중요하지 않습니다. 이 연습에서 가장 중요한 것은, 당신이 당신 자신을 위해 온전히 존재하는 것이며, 지금 당신의 삶이 있는 그대로 기적 자체라는 것을 깨어 있는 마음으로 받아들이는 것입니다.

나는 내 안에서 일어나는 분노를 사랑하고 받아들인다. (들숨, 날숨)

나는 나의 두려움을 사랑하고 받아들인다. (들숨, 날숨)

나는 나의 슬픔을 사랑하고 받아들인다. (들숨, 날숨)

나는 나의 죄와 수치심을 사랑하고 받아들인다. (들숨, 날숨)

나는 나의 생각들을 사랑하고 받아들인다. (들숨, 날숨)

나는 나의 선택과 결정을 사랑하고 받아들인다. (들숨, 날숨)

나는 내 몸을 사랑하고 받아들인다. (들숨, 날숨)

나는 내 자아를 사랑하고 받아들인다. (들숨, 날숨)

나는 내 과거를 사랑하고 받아들인다. (들숨, 날숨)

나는 모든 선택과 모든 결정을 사랑하고 받아들인다. (들숨, 날숨)

나는 나의 성 에너지를 사랑하고 받아들인다. (들숨, 날숨)

나는 나의 모든 것을 사랑하고 받아들인다. 나는 신께서 생명의 숨을 불어넣으신 바로 그 존재이다. 나는 나의 모든 것을 사랑하고 받아들인다. 나는 신께서 생명의 숨을 불어넣으신 바로 그 존재이다. 나는 나의 모든 것을 사랑하고 받아들인다. 나는 신께서 생명의 숨을 불어넣으신 바로 그 존재이다. (들숨, 날숨)

당신이 지금 여기에서 자기 자신에 맞서면서 살아갈 때, 당신은 스스로 한계를 지우고 살면서도 그것을 정상으로 치부하는 집단적 광기를 영속화시키고 있는 것입니다. 당신이 자신의 참자아를 받아들이기 시작할 때, 당신은 매 순간 당신의 현실에 흘러넘치는 축복을 인식할 수 있습니다. 있는 그대로를 받아들이게 되면, 당신이 한때 극복해야 한다거나 고쳐져야 한다고 믿었던 모든 것이, 신의 은총을 이 세상에 전달하는 매체가 됩니다. 당신의 저항은 곧 당신 자신에 대한 저항이었음을 알아차리게 되면, 그러한 저항이 사실은 당신에게 밝고 새로운 현실로 가는 문을 제공하고 있었던 것임을 깨닫게 됩니다.

나에게는 자신의 직업을 못마땅하게 여기는 여자친구가 있습니다. 맨해튼 미드타운에 사는 그녀는 분주하기 그지없는 두 경영진의 비서였습니다. 그녀가 상사를 싫어하는 것은 아니었습니다. 그녀는 실제로 그들에 대한 존경심이 상당했습니다. 문제는, 그녀가 실수를 견딜 수 없어 한다는 것이었습니다. 그녀는 사소한 부분까지 세심한 주의를 기울여야 하는 직업의 특성상 혹시라도 결정적인 것을 놓칠까 봐 걱정하며 끊임없는 불안 속에서 살았습니다. 그녀는 무능해 보일까 봐 늘 두려웠고, 자신에게 늘 엄혹하게 굴었습니다. 집에 있을 때나 쉬는 날에도 그녀는 긴장을 풀지 못했습니다. 그녀는 늘 스트레스에 시달리며 짜증을 달고 살았고, 강박적으로 휴대폰을 들여다보며 스캔하곤 했습니다. 그녀는 미칠 듯이 바쁘게 돌아가는 도시의 삶에 분개했고, 멈춤 버튼도 없는 러닝머신에 뛰어들어 마냥 달리고 있어야만 하는 것이 내 인생인가 하는 생각이 들곤 했습니다.

자기 자신과 자신의 삶에 대한 몇 달간의 극심한 저항 끝에 그녀는 마침내 '이만하면 충분하다'고 결정을 내렸습니다. 그녀는 모든 것을 완전히 놓아버리고, 힘들었던 상황이 표면으로 떠올려준 자신의 불완전함을 기꺼이 받아들이게 되었습니다. 그녀는 더 이상 자기 자신을 탓하지 않기로 했습니다. 잘못 보일까 봐 두려워했던 마음도 어느새 더 이상 자리하고 있지 않았습니다. 그녀는 딱 3개월만 더 직장 생활을 계속하기로 마음먹었고, 그 시간 동안 완전히 그리고 거침없이 스스로 묶어놓았던 자기 자신에 대한 갈고리를 풀어버렸습니다. 그녀는 실수를 했지만 그것을 곧 인정했고, 편치 않은 마음을 그대로 드러냈습니다. 자신의 실수에 대해 훨씬 더 관대해졌고, 때로는 웃을 수조차 있었습니다. 그녀는 스스로 자신의 인생과 직업을 미워해 왔고, 스스로 자신의 가치를 비하해 왔다는 것을 깨닫고는, 부정적인 생각들의 포탄 공격에서 빠져나왔습니다.

그녀는 요가 수업을 듣거나 강가에서 조깅을 하는 시간을 가졌습니다. 사무실에 늦게 출근하는 아침도 몇 번 있었습니다. 인생과 자기 자신을 재설정하고 회복하는 데 많은 시간이 필요하다는 것을 알았습니다. 흥미롭게도, 아무도 눈치채지 못한 것 같았습니다. 그녀는 모든 것을 '멈춰 세우는' 시간이 필요하다는 것을 받아들이고, 자신의 일터에서 스스로 '불완전한' 사람이 되도록 허용했습니다. 놀랍게도, 그녀는 더 이상 실수를 하지 않았습니다. 상사는 그녀의 성과에 대해 더 만족해했으며, 예전에는 스트레스만 받았던 고객과의 관계도 친절하고 의미 있는 관계로 변했습니다. 전환은 빠르고 철저했습니다. 삶을 전폭적으로 수용하기로 한 지 불과 몇 주 만에, 그녀는 출판사에서 일할 수 있게 되었습니다. 책을 편집하고 홍보하는 일은 그녀의 가슴을 뛰게 하는 일이었습니다. 그녀는 그것이 자신의 천부적인 직업이 될 것임을 의심하지 않았습니다.

세상에 움직이지 않는 것은 없습니다. 고정되어 있는 것은 아무것도 없습니다. 상황은 늘 바뀝니다. 삶은 계속해서 진화합니다. 그러나 우리가 우리의 의지를 내려놓고 신의 뜻에 나를 나란히 정렬시킬 때, 우리는 자연스럽게 '있는 그대로' 조화를 이루게 됩니다. 예상치 못한 질병, 비탄, 실패, 불합리한 상실—그 모든 것을 있는 그대로 수용함은, 그런 일이 정녕 무엇 때문에 벌어지는지, 그 본질은 무엇인지를 밝혀줍니다. 우리에게 벌어진 모든 일은 사랑으로 돌아가서 모든 것을 있는 그대로 수용하라는 초대장입니다. 삶을 전폭적으로 수용하는 일은, 인간의 경험을 정의하는 혼돈과 불확실성을 근절할 가능성을 가져다줍니다. 그것은 마음을 길들여서 더 지고한 '가슴의 방'을 열게 해줍니다. 그럼으로써 우리는 모든 것을 다 내려놓고 신뢰하면서 마음 푹 놓고 살 수 있습니다. 당신 자신과 인생에 대한 저항을 끝냄으로써, 당신은 당신의 신성한 본질이 드러날 수 있도록 진동적 도약을 하고 있는 것입니다.

당신은 지금 '영원한 당신'에게로 돌아가고 있는 중입니다.

9

흐름을 타라

당신이 자신의 참자아로부터 분리되어 인생이 마치 당신을 표적 삼아 공격하는 것처럼 자신이 내동댕이쳐졌다고 느껴질 때에는, 어떻게든 정신을 차려서 인생을 컨트롤하고 싶어집니다. 그것이 자연스러운 반응입니다. 어떻게든 잘 해봐야겠다는 생각에 자기 자신을 더 단단히 조입니다. 조금이라도 느슨해지면, 모든 것이 무너져서 엎친 데 덮친 격이 되어버릴 것이라고 두려워합니다. 당신이나 당신의 사랑하는 사람들이 고통을 겪을까 봐 겁을 먹습니다.

강풍이 불어오면 당신의 첫 번째 반응은 무엇입니까? 당신은 더 뻣뻣해지고 단단해지며, 당신을 안정시킬 만한 것이라면 무엇이든 움켜쥐려 듭니다. 그러나 수십 년 동안 강한 바람을 견뎌낸 키 큰 나무는 줄기와 가지에 상당한 유연성을 지니고 있기 때문에 그렇게 된 것입니다. 바다에서 거대한 파도가 다가오면 당신의 첫 번째 반응은 무엇입니까? 열심히 헤엄쳐서 거기에서 벗어나려고 할 것입니다. 거센 파도에 맞서는 대신, 긴장을 풀고 파도 아래로 잠시 이동하여 당신 위로 파도가 지나갈 수 있도록 하면 별 탈이 없을 것입니다. 파도에 휩쓸려 해변에 내동댕이쳐지는 일은 없을 것입니다.

살아가는 자세가 너무 뻣뻣하다 보면, 당신을 향해 불어오는 첫 역경의 바람에도 당신은 꺾이고 말 것입니다. 당신이 취할 수 있는 가장 강력한 삶의 자세가 내면의 유연성인 이유가 바로 여기에 있습니다.

**살아가는 자세가 너무 뻣뻣하다 보면,
당신을 향해 불어오는 첫 번째 역경의 바람에도
당신은 꺾이고 말 것입니다.**

당신이 '창조된 자아' 안에서 살아갈 때에는, 인생이란 통제 불가능한 것이란 느낌을 갖게 됩니다. 그것은 다른 사람들의 판단에 좌우되어 살아가기 때문입니다. 그래서 당신은 당신에 대한 다른 사람들의 반응을 컨트롤하려고 듭니다. 그것은 함정이지만, 결국 당신은 자녀, 파트너, 부모, 심지어 자신과의 관계에 매우 엄격해지게 됩니다. 당신은 상황이 특정한 방식으로 이루어져야 한다고 생각하고, 원하는 방향이 아닐 경우에는 패배감에 사로잡힙니다.

당신이 십대 소녀의 부모라고 가정해 보십시오. 당신은 보수적이고 권위적인 엄마로서 확고한 자세를 가져왔습니다. 당신은 소녀들이 빠지기 쉬운 청소년기의 함정을 알고 있으며 그래서 당신의 딸에게 옳고 그름, 선과 악의 개념을 심어주기 위해 애씁니다. 여러 해 동안 거기에 모든 에너지를 투자했는데도, 십대 자녀는 점점 더 반항적으로 변해 갑니다. 딸아이는 잘못된 친구들과 어울리고, 정해놓은 통금 시각을 어기는 경우가 잦아집니다.

그러던 어느 날 저녁, 딸아이가 몸에 문신을 새기고 들어옵니다. 딸아이는 엄마가 정해놓은 한계를 침범하며 엄마를 테스트하고 있습니다. 그녀는 더 이상 엄마에게 끌려다니지 않고 자신에게 진솔한 사람이 되기로 결심하고는, 자기 딸은 이러저러해야 한다는 엄마의 비전에 정면으로 반격을 가합니다. 딸아이가 어긋날 때마다 당신은 끓어오르는 분노로 참지 못하고 딸아이에 대한 고삐를 더 단단히 죕니다. 딸아이는 화를 내고, 퉁명스럽게 대하고, 무례합니다. 당신은 너무 고통스러워서 잠을 이루지 못할 때가 많고, 그런 상황을 두고 남편과 끊임없이 다툼을 벌입니다.

딸을 대하는 엄마의 태도가 어떤 식으로 달라져야 했을까요? 어느 날 아침, 엄마가 딸에게 "난 네가 스스로 좋은 결정을 내릴 수 있는 능력이 있다고 믿어."라고 침착하고 사랑스럽게 말했다면 어떻게 되었을까요? 16년 동안 당신과 남편의 강한 영향을 받은 딸아이가 거친 환경 속에서도 자신을 안전하게 지킬 수 있을 만큼 지성과 강인함, 자기사랑을 갖추고 있다는 앎 안에서, 당신은 평화를 찾을 수 있을 것입니다. 가장 중요한 것은, 딸이 스스로 올바른 결정을 내릴 수 없게 될 때나 후회할 만한 결정을 내렸다는 것을 알게 될 때, 딸은 안전한 피신처이자 의지처로서 엄마를 찾게 될 것이라는 점입니다. 딸의 말을 사랑으로 귀 기울여 듣고, 문제를 해결하도록 돕고, 어느덧 어엿하게 커버린 딸을 축하하기 위해서, 엄마는 딸을 지켜보면서 언제나 여기에 남아 있으면 됩니다.

당신이 참자아에 뿌리를 내리고 모든 것이 신성한 질서에 따라 펼쳐지고 있다는 신뢰 속에서 살아갈 때에는, 미리 결과를 정해 놓고 상황을 억지로 꿰어맞추려고 애쓸 필요성이 저절로 증발해 버립니다.

딸의 반항심은, 언젠가 직업상으로나 지역 사회에서 괄목할 만한 역할을 하게 될 매우 독립적인 여성의 '싹수'가 보이는 것일 수 있습니다. 당신이 설정해 놓은 안전지대를 벗어나 바깥에서 친구를 선택하려는 딸의 욕망은 호기심의 표현이며, 장차 자신이 어떤 사람이 되고 싶은지, 어떤 자질을 구현하고 싶어 하는지, 스스로 탐색하고 있는 것입니다.

우리는 우리 아이들을 온전히 보호해줄 수 없습니다. 우리는 아이들을 나쁜 선택으로부터 온전히 지켜줄 수 없습니다. 우리가 '우리 자신을' 편안하게 하고 싶어서 아이들에게 이래라저래라 강요하는 것은 아이들의 성장과 발전을 가로막는 짓입니다. 마음에 유연성을 갖고 양육하려는 의지야말로 자녀에게 줄 수 있는 궁극의 선물입니다.

인생을 자신의 뜻대로 굴러가게 해보겠다는 욕심에 자기 자신과 주변 사람들을 꽉 움켜쥐려고 하는 것은, 언제나 확장과 진화를 향해 나아가는 끊임없는 생명의 흐름을 거스르는 일입니다. 삶은 이렇게 저렇게 되어야 한다는 당신의 선입견에 맞추어 춤을 추지 않습니다. 그런 경우는 거의 없습니다. 곤란과 도전은 우리들이 진화해 가기 위한 바탕입니다. 삶은 마치 물과 같이 우아하고 부드럽게 흘러가기를 원합니다. 삶은 자신을 대하는 엄한 태도를 반가워하지 않습니다. 이러쿵저러쿵 자신을 통제하려고 하는 당신에게, 삶은 당신이 받아들이고 허용하는 흐름 속에 있기를 바랄 뿐입니다.

삶은 당신을 경직성에서 유연성으로, 통제에서 허용으로 데려오기 위해 늘 도전해 올 것입니다. 이 진리를 보지 못하면 마찰, 긴장, 고통의 경험이 점점 심화되어 육체적, 정신적, 감정적 비참함을 초래하게 될 것입니다.

**삶은 당신을 경직성에서 유연성으로,
통제에서 허용으로 데려오기 위해 늘 도전해 올 것입니다.**

특정 결과를 기대하고 그것을 단단히 움켜쥐려고 할 때마다, 우리는 집착을 경험하고 있는 것이며, 그것은 자연스럽게 고통으로 이어집니다. 나에게는 내 삶이 이러저러해야 한다는 고정관념이 없습니다. 그런 고정관념은 나의 평화를 대가로 치러야 하기 때문이지요. 나는 내가 삶을 통제할 수 없다는 것을 알고 있습니다. 나는 누가 나를 호흡하게 해주는지, 잘 알고 있습니다.

나는 내가 삶을 통제할 수 없다는 것을 알고 있습니다.
나는 누가 나를 호흡하게 해주는지, 잘 알고 있습니다.

결과를 정해놓고 거기에 집착하는 일이 없이 흐르는 물처럼
살아가는 사람은, 평화롭고 균형 잡힌 삶을 살 수 있습니다. 그런
사람은 바위나 통나무 같은 장애물이 있으면 돌고 돌아가는
시냇물과도 같습니다. 일시적으로 막힐 수는 있지만 결국에는 다시
흘러가고, 더 큰 생태계의 온갖 생명체들—어류, 조류, 식물, 개구리
등—이 그렇게 흘러가는 물과 함께 번성합니다.

그럼에도 우리를 긴장시키고 에너지를 위축시키는, 피하고 싶은
사람이나 상황은 항상 있게 마련입니다. 자신이 외부인이 된 것처럼
서먹서먹해지는 시댁이나 처가에 가고 싶어 하지 않을 수도 있고,
사사건건 간섭하고 방해하는 직장 동료는 아예 관계를 끊고 싶어질
수도 있습니다. 달마다 내야 하는 대출금의 원금 상환과 이자 부담을
생각하면 잠이 오지 않을 수도 있습니다. 대중교통을 타고 가다가
옆사람이 심하게 기침을 한다거나 낯선 외국 땅에서 택시기사가
터무니없는 바가지요금을 요구하는 등, 황당한 일을 당하는 경우도
있습니다. 이 모든 시나리오는 마음의 반향을 일으켜 에너지를

경직시키고 위축시킵니다. 이런 생각들과 감정들, 사건들은 즉각적으로 조건반사를 일으키는 촉매들입니다.

진동적 변화의 맥락에서 볼 때, 그러한 모든 시나리오는 우리의 의식적 자각과 에너지 레벨을 높이기 위해서 존재합니다. 우리가 이런 순간들이 가져다주는 불편함을 더 많이 수용할수록, 우리는 우리의 삼스카라를 더 많이 해소할 수 있습니다. 우리가 물처럼 흘러갈 수 있다면, 이런 일들이 일어나는 것은 진화를 위해 점점 더 많은 추진력을 제공해 주기 위함이라는 앎 속에서, 우리는 바위와 걸림돌 주위를 돌고 돌아서 항해해 나아갈 수 있습니다.

당신의 방아쇠가 당겨지면, 어떤 일이 벌어질까요? 연휴인데, 세 자녀가 단것을 너무 많이 먹고 잠을 잘 자지 않습니다. 당신의 시댁 식구들이 주말 동안 머물고 있고, 당신의 아이들은 통제 불능 상태입니다. 당신의 시아버지는 화가 나서, 당신이 그렇게까지 일에 붙들려 있지 않고 아이들과 더 많은 시간을 보낸다면 아이들이 이렇게 작은 괴물들처럼 행동하지는 않을 것이라고 따끔한 소리를 합니다. 당신은 시아버지가 아이들을 키우는 것이 얼마나 힘든지 전혀 모른다고 생각합니다. 당신과 시어머니가 협동작전으로 키운 아이가 한 명도 아닌 세 명입니다. 감정이 몸 전체에서 뜨겁게 타오르고 뺨이 분홍빛으로 물들면서 목구멍이 수축되는 것을 느낍니다. 당신은 당황스러우면서도 화가 치솟습니다. 하지만

'좋은' 며느리로 인정받고 싶어서 아무 말도 하지 않고, 두 주먹을 자기도 몰래 불끈 쥐면서 화를 억누릅니다. 당신은 늦은 밤중까지 잠을 이루지 못하면서 자신이 정말로 죄를 짓기나 한 것인지 스스로 묻습니다.

방아쇠가 당겨지면, 당신은 거의 항상 방어적인 자세를 취하고, 실제로 느끼고 있는 상처 이상으로 자신을 부풀리거나 두려움으로 에너지를 위축시킵니다. 그러나 이러한 모드 중 하나로 진입하는 것은, 경험을 통해 흐르려고 했던 에너지를 제자리에 고정된 상태로 붙들어둘 뿐입니다. 그러면 유사한 시나리오가 다른 상호작용을 통해서 동일한 진동을 생성하여 당신으로 하여금 이를 경험하고 해체할 또 다른 기회를 제공하게 될 것입니다.

대안은, 방아쇠가 당겨지더라도 되도록 마음을 편히 갖는 것입니다. 현재 상황을 잘 음미해 보면, 확장의 기회임을 알 수 있습니다. 의식적으로 당신의 근육이 이완된 상태를 유지하도록 하세요. 깊이 숨을 들이쉬고 내쉬면서, 시원하고 부드럽게 흐르는 개울을 상상해 보십시오. 당신의 내면에서 제기되는 모든 것이 사실은 당신으로 하여금 더 큰 자기 수용과 확대된 인식으로 나아가라는 요청이라는 믿음을 갖도록 하십시오.

만약 당신이 맞서 싸우고 싶거나, 끝내고 싶거나, 달아나고 싶은 바로 그런 순간들에도 이렇게 마음의 긴장을 늦출 수만 있다면,

당신은 놀라운 소득을 얻게 될 것입니다. 당신의 의식은 확장될 것이고, 삶은 진화의 흐름을 이어갈 것입니다. 결국, 당신은 자신이 만든 여유로움 속에서, 상황에 짓눌려 상황이 나를 컨트롤하게 하는 대신, 상황에 어떻게 대처할지 그 방법을 선택할 수 있게 됩니다. 습관적인 반응을 멈추면, 내면의 경직성은 녹아버릴 것입니다.

**습관적인 반응을 멈추면,
내면의 경직성은 녹아버릴 것입니다.**

몇 가지 예를 더 살펴보겠습니다. 당신이 몇 달째 병든 할아버지를 돌보고 있다고 해봅시다. 아무래도 본래 일을 등한시할 수밖에 없어 해고당한 상태라 재정 상태는 엉망이고, 수입을 기대하기도 난망합니다. 그런데도 어느 누구도 자신의 재정 상태를 알기를 원하지 않습니다. 여자친구가 알면, 당신을 거부할 것이 분명합니다. 여러모로 의기소침해질 수밖에 없는 상황입니다. 그런데 추수감사절에 가족이 모두 모인 자리에서, 남동생이 당신에게 빌려준 50달러를 왜 아직 갚지 않느냐고 폭로합니다. 당신은 분노와 수치심으로 가슴이 뜀박질합니다.

할아버지에 대한 당신의 마음 씀씀이로 인해 당신의 본질적인 선함은 충분히 표현되었지만, 당신의 자아는 가족들의 몰이해로 인해 방아쇠가 당겨지고 맙니다. 그것이 현실입니다. 그런 사정을 차분하게 돌아봅시다. 그 순간 당신을 사로잡은 생각은 당신의 진동 변화에 아무런 영향도 끼칠 수 없습니다. 진동 변화를 꾀하려면, 그 순간 당신의 느낌과 몸 안의 에너지에 주의를 집중해야 합니다. 어느 부분에서 긴장이 느껴집니까? 어깨 쪽입니까, 허리 쪽입니까? 조여드는 느낌이 있는가요? 있다면, 위장 쪽입니까, 목구멍 쪽입니까? 수치심을 느꼈다면, 당신의 수치심은 어떤 색깔일까요? 덮쳐오는 파도에 저항하지 말고, 파도가 덮쳐오도록 몸과 마음을 방관해 봅시다. 깊이 숨을 들이쉬고 내쉬면서, 당신이 느끼는 불편함이 더 큰 변화의 기회임을 알아차리십시오.

오랜 설전을 주고받은 끝에 이혼한 지도 어느덧 5년이 흘렀다고 가정해 봅시다. 어느 날 저녁, 당신은 레스토랑에 갔다가 우연히 전 배우자가 누군가와 다정하게 식사하는 모습을 엿보게 됩니다. 그 순간에는 대수롭지 않게 넘길 것 같았지만, 시간이 지날수록 속이 뒤집히고 메스꺼워집니다. 아드레날린이 솟구칩니다. 분노와 배신의 오래된 감정이 당신의 존재를 가득 채우면서 심장이 벌떡이기 시작합니다. 그러다가, 결국 당신이 그에게 충분한 존재가 결코 아니었다는 믿음에 휩싸이면서 순간적으로 눈물이 솟아납니다. 그런 식으로 아름다운 밤을 망치는 대신, 한 발짝 뒤로 물러서서 자신의 불편한 마음을 지켜보십시오. 감정이 당신 안에서 부글부글 끓도록 허용하십시오. 깊이 호흡하십시오. 느껴질 필요가 있기 때문에 그런 느낌이 일어난 것입니다. 그러니 그런 감정도 밀어내지 마십시오. 그런 자신을 껴안아주고, 느낄 만큼 느끼십시오. 그 느낌 그대로 포용하고, 만사가 풀려나가도록 허용하십시오. 당신의 참자아에 뿌리를 내리고, 거기에 머무십시오.

　방아쇠가 당겨질 때마다 거기에 휩쓸리지 않고 그 사실 자체를 알아차리면, 내면의 유연성을 선택할 여유를 가질 수 있습니다. 경험 전체의 그림을 그려 보십시오. 감정의 밀도가 어떠하든, 풀어놓아 보십시오. 그것이 떠나가도록 허용하십시오. 당신이 처한 상황은, 당신의 심기가 아무리 불편하더라도, 잘못된 것이 아닙니다. 아무리 무겁고 밀도가 높은 에너지라도, 그것은 신께서 당신에게 보낸 것입니다. 그 에너지를 온전히 의식하고 느낄 수 있도록 기회를 주신 것입니다. 그럼으로써 그 에너지에서 당신이 해방될 수 있도록. 당신은 결국 상황을 개선하기 위해 변화를 꾀할 수 있지만, 그렇게 하려면 더 높은 진동의 자리에서 나오는 내면의 해결책에 따라 책임을 갖고 해야 합니다.

내면의 유연성을 길러 당신이 그동안 내내 길들여져 왔던 '반응 패턴'을 깨뜨리면, 당신은 중립적인 관찰자의 자리에서 삶에 접근할 수 있습니다. 그리하여 위축된 상태의 에고가 아닌 연결과 흐름의 자리에서 행동하게 되고, 당신의 그런 행동은 당신의 근원 에너지와 일치된 더 좋은 결과를 낳게 될 것입니다.

무슨 일인가가 벌어져서 마음의 방아쇠가 당겨지고, 그것을 수용하는 유연성을 발휘함으로써 더 높은 진동적 변화가 일어나게 된다는 것을 이제는 알아차리기 시작하였나요? 당신의 내면에는 당신의 모든 호흡에 힘을 실어주는 샥티 shakti(우주 전체를 관통하여 흐르고 있다고 여기는 우주의 활동적인 힘 또는 에너지: 옮긴이) 라 불리는 우주 에너지가 존재합니다. 또한, 당신을 움직이는 프라나 prana(중국 철학이나 의학에서 말하는 氣와 유사한 개념이라 할 수 있다: 옮긴이) 라는 생명 에너지도 있는데, 그것은 항상 자연스럽게 위쪽으로, 더 높고 확장된 상태로 흐르기를 원합니다. 그것은 당신으로 하여금 당신의 참자아를 경험하도록 추진합니다. 그러나 당신의 저항, 통제의 필요성, 경직성은 그것의 움직임을, 그 추진력을 방해하고, 당신을 분리된 채로 고통 속에 있게 합니다. 수용과 유연성은 샥티와 프라나의 자연스러운 흐름을 회복시켜 줍니다. 평화를 가져오고, 고통을 끝냅니다. 그럼으로써 당신의 확장과 진화를 가속화합니다.

우리가 우리의 삶에서 일어나는 일을 부정적이거나 긍정적으로 받아들인다는 것은 흥미롭습니다. 스트레스를 받거나, 두려워하거나, 아프거나, 혼자이거나, 돈이 부족한 것은 모두 피해야 할 '부정적인' 경험입니다. 관계 속에서 연대감을 느끼는 것, 타히티의 해변에서 칵테일을 마시는 것, 완벽한 몸매와 건강함, 고연봉 직업을 갖는 것은 모두 추구해야 할 '긍정적인' 경험입니다. 부담감이나 두려움이 없는 상태는 좋다고 여기는 반면, 책임감은 무겁고 성가신 것이라고 생각합니다. 그러나 이런 모든 판단은 참자아와의 분리에서 오는 것으로, 잘못된 인식과 사회적 프로그래밍의 결과일 뿐입니다.

우리는 모든 것을 중립적 확장의 자리에서가 아니라 조건화된 당신의 입장, 에고의 관점에서 인지하곤 합니다. 이는 삶에 대한 끊임없는 저항으로 귀결됩니다. 삶이란 우리가 바탕에 늘 깔고 지내는 우리의 조건화를 늘 충족시켜서 우리를 편안하게 해주지만은 않기 때문입니다. 아니, 오히려 불편하게 하는 경우가 더 많지 않나요?

우리를 편안하게 해주는 것이 삶이 맡고 있는 본연의 일은 아닙니다. 삶이 하는 일은, 우리를 우리의 참자아의 충만함으로 데려가는 것입니다. 지금 당신의 삶이 당신의 기대를 얼마나 저버리고 있든, 얼마나 고통스러운 것이든, 그것은 당신을 더 확장된 존재의 상태로 이끌기 위해서 그런 것입니다.

개인사라는 미시적 차원에서와 마찬가지로 사회나 국가라는 거시적 차원에서도 그렇습니다. 한 나라의 대통령으로 선출된 사람을 당신은 좋아할 수도 있고 미워할 수도 있습니다. 대통령은 나라의 일을 맡아서 열심히 일해야 하지만, 더 큰 관점에서 보면 그 나라 사람들의 편협함과 증오, 분노, 두려움 등 아직 풀리지 않은 모든 것을 의식적으로 깨우치는 역할 또한 하지 않으면 안 됩니다. 집단으로서의 의식 확장을 꾀해야 하는 것입니다.

개인의 차원에서 보면, 당신의 어머니가 이러쿵저러쿵 당신을 지나치게 간섭하는 문제가 있을 수 있습니다. 당신은 어머니의 덫에 걸려서 어머니로부터 면밀히 조사당하고 있다는 느낌 때문에 힘들어합니다. 당신의 파트너는 사랑받고 싶어 하는 당신의 욕구를 전혀 알지 못한 채 눈치 없게 당신의 불안을 촉발하곤 합니다. 당신의 친구는 불치병 진단을 받고 슬픔과 무력감과 절망에 빠져 헤매는 모습을 보여주며, 죽음에 대한 두려움을 불러일으킵니다. 조건에 따라 얽매이는 삶을 살아온 당신은 조건화의 제한된 관점을 통해 이런 상황을 '나쁘다'고 판단합니다. 그러나 진동적 확장의 관점을 통해 보면, 이런 개인사와 그 에너지들은 당신에게 무의식적인 것을 의식적인 자각으로, 해결되지 않은 것을 해결의 마당으로 가져올 기회를 주고 있습니다.

이는 스트레스에도 똑같이 적용할 수 있습니다. 당신은

스트레스를 당신의 삶에 방해가 되고 건강에 파괴적인 '나쁜' 것으로 받아들이도록 조건화되어 있습니다. 스트레스는 피해야 할 '무엇'입니다. 그러나 스트레스는 힘든 상황에 대한 자연스러운 반응일 뿐입니다. 그것은 당신이 변화에 적응하는 능력을 발휘하고 있다는 증거입니다. 그것이 전부입니다. 매체들이 반복해서 보도하듯이, 스트레스는 당신의 목숨을 앗아가는 무서운 괴물이 아닙니다. 그것은 밀물과 썰물처럼, 살아있는 생명체들의 들숨과 날숨처럼 자연스러운 현상입니다. 스트레스에 대한 조건화된 판단에서 벗어날 수 있다면, 당신은 그것을 악이 아니라 축복으로 볼 수 있을 것입니다. 연구에 따르면, 스트레스가 나쁜 것이라고 생각하는 사람들은 스트레스로 인해 부정적인 영향을 받으며, 적당량의 스트레스는 실제로 신경 기능과 학습에 도움을 준다고 합니다. 어떤 경험이든 경험 자체보다 당신의 웰빙에 해로운 것은, 스트레스 경험에 대한 당신의 조건화된 인식입니다.

방아쇠가 당겨졌다는 것은, 깨어나서 더 의식적으로 자각할 수 있는 기회가 주어졌다는 뜻입니다. 내면의 유연성을 기르면 문제를 해결할 수 있는 여유가 생깁니다. 그 여유를 당신이 허락하기만 한다면, 그것은 곧 당신에게 해방의 날이 왔다는 뜻입니다.

10

고도 1만 미터에서의 의식

우리의 정신 에너지의 상당 부분은 우리에게 행해진 일, 살아오면서 우리가 잘못한 일과 세상에서 일어난 잘못된 일들, 희생당한 일들과 감사한 일들, 학대받은 일들을 다루는 데에 쓰여집니다. 그러고도 남은 에너지의 대부분은, 우리가 저지른 잘못들이 언제 어떻게 발각될지 걱정하면서 후회하고 또 수치스러워하는 데에 쓰여질 수 있습니다.

세상과 내가 함께 만들어낸 '창조된 자아' 안에서 살아갈 때에는 모든 것을 개인화합니다. 우리는 우리의 에고라는 렌즈를 통해 살아갑니다. 우리의 현실은 개인적으로 좋거나 나쁘고, 도덕적으로 옳거나 그르며, 정치적으로 좌파이거나 우파이고, 철학적으로

참이거나 거짓입니다. 모두가 다 에고가 취하는 일련의
입장들입니다. 그리고 삶은 항상 '우리 자신'에게 일어나고
있습니다. 우리는 다른 사람들과 외부 세력들이 우리에게 한 일이나
우리가 어떻게 평가되고 어떤 이름표가 붙여졌는지의 총합이 바로
'나'인 것처럼 느끼고 살아갑니다.

세상과 내가 함께 만들어낸
'창조된 자아' 안에서 살아갈 때에는
모든 것을 개인화합니다.

그러나 참자아는 훨씬 더 광범위하고 포괄적인 관점을 가지고
있습니다. 참자아는 고도 1만 미터 상공에서 세상을 내려다볼 때와
같은 '의식적인 자각'입니다. 비행기를 타고 이륙하면 땅의 지형
전체가 내려다보입니다. 초록빛 들판, 옹기종기 모여 있는 집들,
거대한 거울처럼 빛을 반사하는 고층 건물들을 한눈에 볼 수
있습니다. 도로와 도로가 교차하는 모양새가 합리적이라는 것,
주요 고속도로 주변에 특정 기반 시설이 있는 이유도 알 수 있습니다.
지상에서는 그런 것들이 보이지 않습니다.

높은 고도에서 내려다보면 전체 그림이 한눈에 내려다보이듯이, 영혼이라는 높은 곳에서 내려다보면, 삶은 모든 것이 완전하고 신성한 질서에서 일어나는, 중립적으로 펼쳐지고 있는 확장 자체입니다. 겉보기에 사소해 보이는 모든 날의 모든 순간에도, 신의 은총은 당신을 더 큰 진화로 이끌고 있습니다. 당신의 제한된 관점은 정지 신호나 구덩이 같은 것만 보고 짜증을 내거나 참을 수 없다고 판단할 수 있지만, 신과 하나인 당신의 참자아는 더 큰 의식으로, 즉 가장 높은 결과가 나타나도록 신뢰하고 허용하는 의식 속으로 발을 들여놓고 있는 것입니다.

높은 고도에서 내려다보면 전체 그림이 한눈에 내려다보이듯이,
영혼이라는 높은 곳에서 내려다보면,
삶은 모든 것이 완전하고 신성한 질서에서 일어나는,
중립적으로 펼쳐지고 있는 확장 자체입니다.

모든 것이 깨달음으로 나아가는 길의 일부입니다. 사랑과 결혼, 희생, 이해 부족, 출생, 죽음, 학대 등, 우리가 만나고 경험하는 모든 것이 깨달음으로 이끄는 촉매들입니다. 권태나 지루함, 중독,

긴 통근 시간, 이른 아침의 공원 산책, 파티, 직장에서의 초과 근무, 이별의 느낌과 연결의 느낌…. 고도 1만 미터 상공에서 세상을 내려다보는 의식을 가지고 살아갈 수 있다면, 일어나고 있는 모든 일이 당신을 완전한 자아실현의 상태로, 완전한 깨달음으로 이끌고 있다는 것을 알아차리게 될 것입니다. 그 모든 것이 은총입니다. 우리 모두는 일어나는 모든 일들이, 모든 사물이, 있는 그대로 완전하다는 의식적인 자각으로 나아가고 있는 중입니다. 모든 경험은 당신을 깨우기 위해 창조되었습니다.

**모든 경험은 당신을 깨우기 위해
창조되었습니다.**

이 전체 현실이 당신의 확장을 지원하고 있음을 알아차리십시오. 과거를, 희생당했다는 피해의식을, 지어낸 이야기를 내려놓으십시오. 당신은 당신의 이야기가 아닙니다. 당신은 당신의 고통이 아닙니다. 당신은 당신의 지위나 위상이 아닙니다. 당신은 삶을 신뢰하는 법을, 당신의 참자아를 가리고 있는 모든 것을 치우는 법을 배워야 합니다. 큰 섭리에 내맡기는 법을 배워야 합니다.

내맡긴다는 것은, 지금 펼쳐지고 있는 것에 대해 더 이상 저항하지 않는 것입니다. 그러한 신뢰 속에는, 자유가 있습니다.

큰 섭리에 내맡기는 법을 배워야 합니다.
내맡긴다는 것은, 지금 펼쳐지고 있는 것에 대해
더 이상 저항하지 않는 것입니다.
그러한 신뢰 속에는, 자유가 있습니다.

자신을 피해자로 만들고 상처를 준 상황이 기회이기도 하다는 것을 알아차리기란 실로 어려운 일입니다. 그러나 문제의 원인을 내가 아닌 바깥으로 돌리는 한 해결책은 없습니다. 부모, 친구, 상사 또는 파트너에 대한 비난과 분노를 굳세게 붙들고 있게 되면, 자기 안에 문제가 있음을 볼 수가 없습니다. 의식 확장의 기회는 거센 태풍과 비바람 같은 인생의 가장 강력한 경험을 통해서 주어집니다. 그런 관점으로 대전환이 이루어져야 합니다. 시간이 지나 돌이켜보면, 우리는 이러한 경험을 통해서 우리가 어떻게 진화했는지를 알 수 있습니다. 짧게 말해서, 삶에서 일어나는 모든 일은 '우리 자신'을 위해 일어난 것입니다. 우리에게는 은총의 입구인 틈새가 반복적으로 보여지고 있는 셈입니다. 은총의 세례를 받기 위해서는, 우리 자신이 그 틈새를 직접 보고 느끼겠다는 의지를 갖고, 희생자 무드에서 삶을 크게 긍정하는 대전환을 해야 합니다.

연습해 봅시다. 먼저, 내려놓지 못하는 문제에 대해 잠시 생각을 기울여 보십시오. 그런 다음 준비가 되면, 다음 질문에 답하십시오. 당신은 지금, 이러한 자기 자신과의 대화를 1만 미터 상공에서 내려다보고 있습니다.

나의 그 경험은 나에게 어떤 감정을 일으켰는가? 슬픔, 분노, 수치심, 두려움?

그 경험으로 인해 나는 어떤 자질, 어떤 특성을 갖게 되었는가?

그로 인해 변화된, 오늘의 나는 누구인가?

그것은 내 인생의 경험을 어떻게 형성했는가?

내가 상처받은 이야기는 그때 당시 내가 '감정의 늪'에 빠져 헤매었던 경험 때문에 과장된 것이 아닐까?

그 경험의 목적은 무엇이었는가?

문제를 내려놓지 못하고 앓는 원인을 찾아 스스로 묻고 반추하면서 이해하는 과정은, 조건반사적인 반응을 하지 않고 진솔하게 문제를 바라보고 스스로 밝아지는 투명성 속에서 해결의 빛을 보게 해줍니다. 하지만 거기에는 고통이 따릅니다. 마음은 경험을 과장하는 경향이 있으며, 두려움은 왜곡을 만들기 때문입니다. 마음은 그러한 왜곡을 사실로 해석하고, 자기만의 이야기를 만듭니다. 마음을 크게 바꿈으로써 우리는 실제로 무엇이 진실인지를 명확하게 인식할 수 있습니다. 그런 다음에야 우리는 진동 변화를 통해 두려움의 에너지를 내보낼 수 있습니다. 신이 불공평하고 고통이 당신이 바랄 수 있는 최선이라고 현실을 왜곡하는 한, 문제는 계속해서 반복될 수밖에 없습니다.

나의 친한 친구 중 한 명은 게이입니다. 그가 가족에게 자신이 게이임을 밝혔을 때, 그는 가족들로부터 버림받았습니다. 가장 가까웠던 엄마조차 그에게 '자식 하나 없는 셈치겠다'고 선언했습니다. 엄마는 두 번 다시 그에게 말을 걸지 않았습니다. 정말 참을 수 없는 고통이었습니다. 그는 "도대체 어떻게 나에게 이런 일이 일어날 수 있는 거지?"라고 생각했습니다. 그러나 한편으로는, 더 이상 게이가 아닌 척하지 않아도 된다는 것이 더할 수 없이 편했습니다. 그는 난생처음으로 자유의 바람을 쐰 것 같았습니다. 그는 자신이 더 이상 조건화의 손아귀에 있지 않다는 것을 깨달았습니다. 그는 온전히 자기 자신이 될 수 있었습니다. 그는 더 이상 가족을 기쁘게 하고 그들의 사랑과 승인을 얻기 위해 살 필요가 없었습니다. 자신에게 가장 진실된 삶을 창조할 수 있었습니다. 그는 예전에는 상상할 수 없었던, 성공적이고 만족스러운 삶을 살았습니다. 가족의 거부는 그에게 가장 획기적인 의식확장의 출발점이 되었습니다. 그는 가족과의 관계에서 일어난 일이 자신에게는 커다란 은총이었다고 말했습니다. 그는 그 일로 인해, 대부분의 사람들과는 다른 방식으로 사람들의 고통을 이해하게 되었다고 말했습니다. 그 일은 그에게 사람들에 대한 깊은 연민을 갖게 했습니다.

모든 경험에는 목적이 있습니다. 너무 깊은 상처를 받으면 힘든 것이 사실입니다. 그러나 우리 모두에게는 그 상처를 다룰 수 있는 힘이 내재되어 있습니다.

어떻게 해야 트라우마, 거부, 절망과 포기를 진화의 한 부분으로 받아들일 수 있을까요? 어려운 상황에 빠져도 그런 상황을 부정적으로만 보지 말고, 긍정적인 면도 찾아보아야 합니다. 대부분의 사람들은 경험을 좋고 나쁜 것으로 구분하지만, 그것은 엄격한 경계를 만들어 우리를 더욱 제한할 뿐입니다. 부정적인 경험이라고 여겨지는 것도, 그런 경험을 하지 않는다면 존재하지 않았을 긍정적인 속성을 경험의 당사자에게 안겨줍니다. 삶의 경험이 우리 자신을 형성하지만, 그것이 우리 자신을 정의하는 것은 아닙니다. 진정한 우리 자신은 우리 안에 내재된 신성에 의해 규정됩니다.

학대를 경험한 사람은 학대를 받은 사람들에게 더욱 잘 공감할 수 있습니다. 암과 싸워온 사람들은 여전히 그 싸움의 한가운데에 있는 사람들을 위한 사랑의 공간을 가질 수 있습니다.

그렇습니다. 때로 사람들은 반복적으로 트라우마의 덫에 갇히지만, 대부분의 경우 고통은 연민의 진입점이 되고 다시금 사랑으로 방향전환하게 하는 역할을 합니다. 여기에는 은총이 작용합니다. 은총은 우리의 마음이 열려 있기만 하면, 기꺼이 확장을 허용합니다.

자신이 피해자라는 느낌을 끝내기 위한 다음 단계는, 모든 유해한 사건과 그와 관련된 모든 것을 진동적으로 내려놓는 것입니다. 나는 이것을 '진동적인 용서'라고 부릅니다. 이 과정은 학대나 죄의 원인을 알아차리는 것으로 시작됩니다. 그런 일이 일어난 정황을 알게 되면, 연민이 생기기 쉽습니다. 나에게 피해를 주었다고 여겨지는 그 사람의 자라온 환경은 어떠했는지, 어떤 고통을 당하고 있는지, 마음을 열고 그의 처지를 받아들입니다. 내려놓기가 정말 어려울 때에는, 가해자를 고통 속에 있는 불쌍하고 무력한 아이로 상상하는 것이 도움이 될 수 있습니다. 그런 시각화를 통해 아주 작은 연민이 생겨났다고 할지라도, 그로 인해 그 감정, 그 에너지, 그 이야기를 붙잡고 있어야 할 필요성이 완화됩니다. 그들이 한 일이 결백하다는 의미는 절대 아닙니다. 단지 당신에게 일어난 사건과 관련되어 새로운 에너지가 들어올 여유가 만들어지게 된다는 뜻입니다. 이것은 가해자에 관한 것이 아닙니다. 이것은 삼매, 곧 하나됨의 경험에 도달하는 것에 관한 것입니다.

'하나임Oneness'은 모든 것이 당신의 일부로 품어지는, 모두가 두루 하나로 포함되는 경험 상태입니다. 범법자가 따로 없으므로 범법이란 것이 있을 수 없습니다. 당신의 인생을 통해서 당신이 잘못되었다고 믿는 일들—가슴 아픈 일들이나 이혼, 비판, 재정적 결핍—에 대해 책임이 있다고 생각하는 사람들에 대해 생각해 보십시오. 이 모든 것이, 그 순간에 당신이 그것을 어떻게 인식했는지에 관계 없이, 사랑으로 돌아가라는 요청에 지나지 않다면 어떨까요? 사실, 당신 안에 넘치도록 사랑이 흐르고 있었다면, 이런 일들 중 어떤 일도 당신은 아마 다른 방식으로 받아들였을 것입니다. 이것은 우리 중 많은 이들이 받아들이기 어려운 진리일 것입니다. 그럼에도 우리는 이를 이해하겠다는 의지를 가져야 합니다. 그럴 의지가 없다면 우리는 진정으로 자유로워질 수가 없기 때문입니다.

예수님은 십자가 위에서 자신을 십자가에 못 박은 자들을 하나님께 용서해 달라고 통렬하게 간구하셨습니다. "아버지, 저들을 용서하여 주옵소서. 저들은 지금 자기들이 무슨 일을 하고 있는지조차 알지 못합니다"(누가복음 23:34). 참자아에 뿌리를 둔 확장된 경험의 수준에서는, 모든 것이 신성에서 비롯되며 따라서 누구도 책임이 있다고 비난하거나 용서할 사람이 없다는 의식적인 앎 속에서 살아가게 됩니다. 모든 것이 우리를 더 높은 수준의 조화로 이끄는 역할을 합니다. 진동적 용서는 우리가 한때 소화할 수 없었던 경험 전체를 솔직하게 마주할 용기를 가짐으로써 트라우마의 기억으로부터 우리 자신을 자유롭게 하는 행위입니다.

언뜻 생각하면, 모든 것이 신성에서 비롯된다면 신성은 펼쳐지고 있는 어떤 일이든 선호하거나 반대하는 경향성이 있어야 마땅할 듯싶습니다. 그래야만 세상이 점점 더 나아지게 될 것 같습니다. 하지만 이는 흔히 범하기 쉬운 잘못된 견해입니다. 사랑이 있으면, 미움도 있어야 합니다. 선이 존재한다면, 악도 존재해야 합니다. 정의가 있는 곳에는 불의도 당연히 존재합니다. 그러나 사랑과 미움, 정의와 불의, 선과 악 등, 이원적인 모든 것은 에고에 갇힌 의식 수준에서 형성된 제한된 지각입니다. 존재being는 선택이 없는 인식의 수준에서 작동합니다. 어느 쪽을 더 좋게 보거나 나쁘게 보는 것은 에고의 현상입니다. 어떤 것이 더 좋다거나 더 끌린다거나 더 싫다는 마음이 있을 때, 그것은 당신이 당신의 에고, 즉 '창조된 자아'를 기반으로 살고 있다는 분명한 표시입니다. 존재는 사랑이며, 좋고 싫고가 없습니다.

2003년의 그 운명적인 밤에 내가 신성을 경험했을 때, 나는 의식과 무의식을 동등하게 포용하는 전체성을 경험했습니다. 신은 그 어떤 것에 대해서도 찬성하거나 반대하지 않습니다. 그럼에도 인간은 신의 순수 잠재력을 의식적으로나 무의식적으로 해석하고, 그 해석에 따라 살아갑니다. 의식적으로 해석되면 사랑에 정렬되거나 하나임에 대한 우리의 경험을 심화시킴으로써 자비로운 결과를 가져오고, 무의식적으로 해석되면 두려움을 통해 잔혹함, 대량 학살, 혹은 세계적 불평등 등으로 나타나 집단의 상처를 악화시킵니다.

우리가 직면하는 모든 질병이나 힘든 상황의 근원은 신이 아닙니다. 신께서 그런 일들을 벌이시는 것이 아닙니다. 근원은 우리 자신입니다. 우리가 삶에서 벌어지고 있는 일에 저항하면서 살수록, 우리는 우리의 고통에 대해서 누군가를 탓하면서 스스로 희생자가 되었다고 느끼며 고통을 받습니다.

신성은 순수 잠재력입니다. 우리는 명료한 의식을 갖고 신성의 빛이 세계의 이익을 위해 발해지고 있다고 해석하기도 하고, 왜곡된 시각이나 고통 또는 상처를 통해 해석하기도 합니다. 우리가 고통이나 상처로 왜곡된 시각을 갖고 살아가면, 우리들 각자는 분리되고 조각나서 개인이나 그룹이 상대편을 미워하고 고통을 가하는 일들이 영속화될 수밖에 없습니다. 그렇게 조각난 세상에서, 우리는 어느 쪽도 편들지 않고 공평하게 살아갈 수 있습니다.

예수께서는 자신을 박해하는 자들이 자신과 전혀 다른 의식 수준에서 활동하고 있음을 인식하셨습니다. 그의 높은 의식 수준은 그로 하여금 모든 것을, 심지어 십자가 처형까지도, 신성한 아버지의 뜻으로 받아들일 수 있게 해주었습니다.

예수께서는 "아버지, 저들을 용서하여 주십시오."라고 말씀하셨습니다. 이것은 중요한 포인트입니다. 예수의 인간적인 부분은 그들을 용서할 수 없습니다. 용서한 것은 '존재'의 부분, 곧 '예수의 아버지 부분'입니다. 에고의 수준에서는 해결책이 나올 수 없습니다. 해결은 은총의 행위이며, 따라서 신성, 곧 참자아의 수준에서만 찾아질 수 있습니다. 에고는 다른 에고를 용서할 수 없습니다. 오직 영혼만이 다른 사람을 연민으로 포용하고, 진동적 해결책을 찾을 수 있습니다.

해결책은 은총을 통하여 열리게 됩니다. 트라우마를 바라보는 새로운 시각이 열리면, 트라우마가 변형될 수 있습니다. 그러나 고통을 자신과 심각하게 동일시함으로써 고통의 덫에 갇혀 버리는

사람들이 너무 많습니다. 자유는 상처 입기 쉬운 연약한 자기 자신을
신께 온전히 넘겨주는 데에 있습니다. 신께 해결책을 구하고
요청하는 것은, 신을 향한 궁극적인 항복 행위입니다.

신께 해결책을 구하고 요청하는 것은,
신을 향한 궁극적인 항복 행위입니다.

십대 후반에 우리 가족 모두가 위기에 처했던 힘든 시기가
있었습니다. 부모님은 한동안 서로 단절된 상태로 지내셨습니다.
나는 두려웠고, 부모님들 사이에 놓인 슬픔과 상처의 강은 물론
나 자신의 슬픔을 외면하고 싶었습니다. 그럼에도 타고난 공감
에너지의 재능 덕분인지 나는 덮쳐오는 감정의 파도를 피할 길이
없었습니다. 나는 고통과 두려움에서 벗어나기 위해 과음하는 일이
잦아졌고, 약물을 사용하기 시작했습니다. 나는 나 자신과 삶에
대해 뿌리 깊이 저항했습니다. 나는 부모님의 선택을 어떻게든
바꾸고 싶었습니다. 무엇보다도 나는 우리가 정상적이고 서로
사랑하는 가족이 되기를 바랐지만, 나로서는 전개되는 상황을
어떻게도 바꿀 수가 없었습니다.

아버지는 나 자신의 좌절감을 나타낼 손쉬운 표적이었습니다. 내 눈에 아버지는 무책임으로 일관된, 신뢰할 수 없는 사람이었습니다. 지원을 기대할 만한 사람이 결코 아니었습니다. 상황이 어떻게 돌아가든, 아버지는 크게 한탕 할 날을 꿈꾸며 그때그때 즐겁게 지내는 데에만 몰두했습니다. '결코 오지 않을' 한탕을 기다리면서. 반면에, 어머니는 나의 반석이었습니다. 가족을 먹여 살리겠다는 단단한 결심으로 어머니는 나에게 따뜻한 가정의 변함없는 안정을 가져다주었습니다. 부모님의 다툼에 대한 더 깊은 복잡성을 알지 못했기 때문에, 나는 미성숙한 상태에서 아버지만을 비난하기에 바빴습니다.

고통에 대한 무감각과 반항은, 우리 가족에게 닥쳐온 격변의 시기에 감정적으로 힘든 시기를 헤쳐 나가는 가장 쉬운 방법인 것 같았습니다. 아버지에게는 혹독한 시련의 시기였습니다. 아버지가 나와 엄마에게 준 상처만큼이나 나도 아버지에게 상처를 주고 싶었습니다.

나이가 들어감에 따라, 한 인간으로서의 아버지를 점점 더 많이 인식하게 되었습니다. 고통이 절정에 이르렀을 때, 나는 언젠가 어머니를 부양할 수 있을 만큼 재정적으로 성공하고야 말겠다고 맹세했고, 그렇게 되면 어머니가 자유로워질 것이라고 믿었습니다.

아버지의 날에 나는 아쉬람에 머물고 있었는데, 아버지께 꼭 전화를 드려야 할 것만 같았습니다. 삶이 나를 속여온 것처럼 보이는 여러 가지 방식에 대한 내 저항의 불편함에 사로잡혀 몇 시간, 며칠, 몇 주 동안을 지내고 나서야, 나는 아버지 탓이라고 잘못 믿었던 고통을 비로소 마주할 수 있게 되었습니다. 나는 아버지와 연결되어야 했습니다. 나는 아버지에게 내가 아버지를 얼마나 사랑하고 있는지, 내가 초래한 고통에 대해 얼마나 미안해하는지, 말해야 했습니다. 내가 그렇게 고백을 마쳤을 때, 아버지는 한참 동안이나 아무 말씀이 없으셨습니다. 한참 후에야 아버지는 나직하게 "나는 내가 너를 위해 해줄 필요가 있었던 역할을 하고 있었을 뿐이야."라고 말씀하셨습니다. 그 말씀과 함께 은총이 전화선을 타고 드넓은 땅을 지나 내 가슴에 전해져 왔습니다. 그 생각을 하면 지금도 눈물이 납니다. 아버지는, 우리들 인생에 나타나는, 우리를 사랑하고 속이고 기만하고 축복하는 그 모든 사람들이 사실은 우리 자신의 의식확장을 위해 저마다 아주 중요한 역할을 하고 있는 것이라는 뿌리 깊은 이해를 보여주셨습니다. 모든 사람과 모든 상황은 깨어남의 변화와 축복을 위한 촉매입니다.

우리는 우리 자신이나 다른 사람들의 잘못에 대해 많은 말들을 하고 살아왔습니다. 그러나 삶은 모든 사람들이 저마다 의식확장으로 자신의 참자아를 깨우는 길을 걷게 하기 위해 언제나 일하고 있습니다. 그것이 저마다에게 주어진 운명이요, 삶의 실상입니다. 이러한 자각으로 깨어날 때, 우리는 감정적 얽힘이나 갈등에 쉽사리 휘말리지 않을 수 있습니다. 참자아에 대한 사랑과 연결의 자리에 서 있을 때, 우리는 날이면 날마다 이런 상호작용을 경험할 수 있습니다.

삶은 모든 사람들이 저마다 의식확장으로
자신의 참자아를 깨우는 길을 걷게 하기 위해
언제나 일하고 있습니다.

오해하지 마십시오. 나는 누군가의 나쁜 행동을 변명하거나 묵인하려고 하는 것이 아닙니다. 판단을 하지 않음으로써 우리는 일어나는 일들을 있는 그대로 경험할 수 있다는 말을 하고 있는 것입니다. 각 개인의 지각 렌즈가 왜곡되면, 하나됨과 조화로 나아가야 할 세상에 두려움과 고통을 증폭시키고 투사시킵니다. 우리가 행동으로 에너지를 발산하면, 당연히 그 효과가 나타납니다. 독특한 에너지를 창조하여 거기에 추진력을 부여하십시오. 그러면 그 에너지가 세상으로 나가서 접촉하는 이들에게 영향을 끼칠 것입니다. 내 의도는 단순히, 더 깊은 실재에 대한 의식적인 자각을 일깨우는 데에 있습니다.

영화를 볼 때, 우리는 대본, 연기, 연출이 아무리 완벽하든, 아무리 끔찍할 정도로 허술하든, 작가나 배우, 감독에게 사과를 요구하지 않습니다. 마찬가지로, 우리가 우리 자신의 참자아와 연결된 상태로 우리 자신의 삶을 단순히 목격하고 있다면, 우리는 더 이상 모든 시선, 모든 몸짓, 모든 실수를 자기 자신에게 '찬성'하거나 '반대'하는 것으로 개인화시키지 않습니다. 삶이 어떻게 돌아가든, 우리는 더 이상 그 누구에게도, 그 무엇에도, 사과를 요구할 필요성을 느끼지 않습니다.

이런 관점에서 보면, 우리가 필요로 하는 역할만 하고 있었던 '배우들'에게, 혹은 우리의 인생을 완벽하게 펼쳐내고 있는 '신성한 지성'인 '프로듀서'에게, 도대체 왜 용서를 요구할 필요가 있단 말입니까?

어찌하여 당신은 아직도 인식이 확장된 상태에서 당신을 만나지 못하는 사람들의 무능을 붙들고 있습니까? 음탕하고 파렴치한 얼간이가 오스카상 후보에 올랐다고 해서, 전남편이 갑작스레 그런 역할을 연기하게 되었다고 해서, 그를 내내 인질로 붙잡고 있어야 할 이유가 있을까요? 자기중심적이고 나르시시스트인 보스가 당신의 노력과 헌신을 인정해 주지 않으면 안 되는 특별한 이유는 무엇입니까? 모든 사람이 당신의 방식으로 현실을 인식할 수 있는 동일한 능력을 갖고 있지 않은데도, 당신은 여전히 사람들이 지금과는 달리 처신해 주기를 기대하지만, 그것은 불가능한 일입니다.

당신과 데이트했던 사람이 전문 사기꾼이라고 생각해 보십시오. 그가 고통스럽고 예측할 수 없는 어린 시절을 보냈고, 그에게는 그런 환경을 어찌할 수가 없었다는 것을 알게 되었을 때, 당신은 그의 정서적 불감증에 대해 과연 계속해서 책임을 물을 수 있을까요? 세대가 완전히 다른 부모님은 어떻습니까? 그들이 보여주는 인식의 한계를 계속해서 탓할 수가 있을까요?

다시 말하지만, 나는 파괴적인 관계를 유지해야 한다거나 학대받은 사실을 무시하라고 제안하는 것이 아닙니다. 나는 단순히 당신의 상처와 관련하여 당신의 의식을 높이기를, 그리하여 더이상 무의식적인 수준에서 당신 자신을 통제하려고 하지 않기를 요청할 뿐입니다. 해결되지 않은 채 무의식 수준에 머물게 되면, 당신은 조용히 자신의 삶을 혼란에 빠뜨리고 있는 것입니다.

당신이 더 높은 에너지 수준으로 상승함에 따라, 당신은 밀도 높은 에너지의 가장 깊은 층들을 풀어놓고 녹일 수 있는 기회를 갖게 됩니다. 당신이 여전히 붙잡고 있으면서 놓아주기를 거부하고 있는 배신이나 불화를 해결할 기회를 갖게 되는 것입니다. 당신은 이전의 불만을 변화시킬 수 있고, 당신을 위해 역할극을 아주 잘

하고 있는 사람들에 대해 감사하는 마음을 가질 수 있습니다. 당신의 에너지 수준이 높아짐에 따라, 예전에는 당신이 탓하고 미워했던 사람들이 당신에게 의식확장을 위한 심오한 기회를 '제공해 준' 사람들로 변신을 하게 되는 것입니다.

1만 미터 고도에서 내려다볼 때, 우리는 수치, 비난, 죄책감의 악순환으로부터 완전히 벗어날 수 있습니다. 당신은 사랑과 감사의 순수하고 높은 진동으로 상승할 수 있습니다. 그곳에서 당신은 당신의 충만한 빛으로 이 행성을 비출 수 있고, 이 행성 위의 모든 이들을 위해 위대한 가능성을 생성해 낼 수 있습니다.

모든 것에는 '진화'라는 단 하나의 목적이 존재합니다. 더 많은 축복, 더 높은 의식, 더 많은 연결…. 우주의 생명력인 신성과 하나인 상태의 당신 또한 마찬가지입니다. 당신은 항상 더 높은 곳에 이르기 위한 문턱에 서 있습니다. 삶은 당신을 지지하고 있으며, 당신은 매 순간 무한한 사랑을 받고 있습니다.

모든 것에는 '진화'라는
단 하나의 목적이 존재합니다.

신이 당신을 잘못 만드신 것이 아닙니다. 당신이 여러 가지 피해를 입었다고 해도, 그것은 신께서 잘못되게 하신 것이 아닙니다. 당신이 참자아를 잊었기 때문에 나타나는 일들일 뿐입니다. 당신이 사랑이나 평화를 느낄 때, 신께서 잘못하여 그렇게 된 것이 아닌 것처럼. 스트레스나 두려움을 느낄 때도 역시 마찬가지로, 신께서 잘못하여 그렇게 된 것이 아닙니다.

신뢰하십시오. 허용하십시오. 신성한 질서를 받아들이고, 당신에게 열리기 시작한 삼매를 음미하기 시작하십시오.

모두가 다 완전함의 더 큰 경험으로 나아가고 있고, 나아가고 있는 그 모두가 다 있는 그대로 완전합니다.

11

대전환

좋은 책에 빠져서 시간을 잃어버린 적이 있나요? 언제였습니까? '특별한 이유 없이' 사과파이를 구운 다음 뜨겁고 달콤한 즙을 맛보면서, 혹은 자연 속에서 시간을 보내면서, 혹은 피아노 앞에 앉아서, 혹은 라켓볼을 하면서…, 연결과 즐거움을 느낀 적이 있나요? 어떤 일이었든, 그런 몰입의 즐거움이 아주 최근의 일이었기를 바랍니다. 하지만 그런 일을 경험한 것이 아주 오래전의 일이라 할지라도, 당신만이 그런 것은 아니니 안심하십시오.

십중팔구, 당신은 당신 자신의 웰빙을 최우선으로 두도록 조건 지워져 있지 않았습니다. 자신의 웰빙을 위해서는 자기 사랑과 자기 존중심을 키우는 일이 무엇보다도 우선되어야 하는데도,

현실은 오히려 그 정반대였을지도 모릅니다. 당신은 다른 사람들을 친절하게 대하고 사랑해야 한다고 배웠을 것이며, 그들의 행복을 당신이 사랑과 친절을 받을 만한 가치가 있는지를 결정하는 척도로 삼았을 것입니다. 당신은 자신의 신체적, 정서적 필요를 충족시키려고 노력하는 것이 '이기적인 짓'이라고 배웠을 것입니다. 어린 나이에 힘들어하시는 부모님을 돌보아야 하는 무거운 짐을 떠맡았을지도 모릅니다. 혹은, 가족이 제대로 유지되려면 나를 희생하지 않으면 안 된다는 식으로 자신의 필요를 억제하는 법을 배웠을 수도 있습니다. 아마도 당신은 사랑이란 다른 사람들을 악마로부터 구해주는 것이라고 배우고, 또 그것을 성취하기 위해 훈련받아 왔을지도 모릅니다. 어쩌면 당신은, 관계란 당사자들이 그들의 내면에서 만족감을 느끼는지의 여부와 상관없이 "나는 당신에게 속해 있고 당신은 나에게 속해 있다."는 소속감을 의미하는 것이라고 프로그램되어 왔을지도 모릅니다.

우리 모두가 사랑을 경험하도록 프로그램되어 있더라도, 우리는 어느 단계에 이르면 '지고의 사랑'이란 과연 어떤 것인지를 이해해야 합니다. 사랑은 우리의 내면에서 비롯되는 것이며, 바로 이것이 사랑에 관한 가장 근본적인 진실입니다. 외부 세계나 특별한 누군가가 사랑의 경험을 촉발할 수는 있지만, 그것이 결코 사랑의 근원이 될 수는 없습니다.

사랑은 소유하는 것도, 필요로 하는 것도, 통제할 수 있는 것도, 성취하거나 얻을 수 있는 것도 아닙니다. 사랑은 참자아를 직접 경험하는 것입니다. 참자아가 곧 사랑 자체이기 때문입니다. 당신이 내면의 '무한 사랑 저장소'에 접속될 때, 그 사랑은 단순성과 연민, 따스함으로 다른 사람들에게로 퍼져나갑니다. 사람들은 당신에게서 사랑을 느낄 것입니다. 왜냐하면 당신에게서 방출되는 그 에너지는, 당신의 자기 수용을 통해서, 당신의 감정적 해소를 통해서, 당신의 확장된 인식을 통해서 해방된 당신의 참자아에서 나오는 것이기 때문입니다.

당신이 내면의 공허함을 채우기 위해 바깥에서 뭔가를 찾으려고 할 때, 당신은 결코 진실로는 채워지지 못합니다. 당신은 다른 사람을 당신이 갈망하는 사랑의 근원으로 여기거나, 당신의 삶에 결핍되었다고 느끼는 것에 대해 다른 사람이나 환경 등에 책임을 돌립니다(피해의식). 어느 쪽 시나리오에서든, 당신은 사랑이나 평화의 경험 같은 내적 경험을 하고는 그것을 바깥으로 돌려 다른 사람들로 하여금 당신의 삶을 통제하도록 그들에게 내맡겨 버립니다. 그렇게 잘못된 곳에서 사랑과 완성을 찾으면 실망이나 좌절로 귀결될 수밖에 없고, 그동안의 과정을 반추하고 더 깊이 들여다봄으로써 원래 시작된 자리로 돌아와야 합니다. '나'에게로 돌아오는 수순을 밟아야 합니다.

당신의 힘을 되찾으십시오. 당신만의 독특한 인생 경험을 하실 만큼 하셨으니 이제는 내면의 사랑에 자신을 여십시오. 현재의 자기 모습에 대해 당신 스스로 책임을 질 때, 당신은 이 지구를 걸고 있는 신성하고 통합된 인간 존재로서 권능을 부여받아 당신의 주권을 되찾을 수 있게 됩니다. 당신이 아무런 기대 없이 있는 그대로의 당신 자신을 만나 지금 여기에서 푹 쉴 수 있을 때, 다른 사람들도 똑같이 자유롭게 그 일을 할 수 있습니다.

아무런 기대 없이 있는 그대로의 당신 자신을 만나
지금 여기에서 푹 쉴 수 있을 때,
다른 사람들도 똑같이 자유롭게 그 일을 할 수 있습니다.

진실로, 사랑은 느낌이나 감정이 아니라 실재에 대한 근본적인 경험입니다. 사랑한다는 것은 아무런 조건 없이 삶과 '함께 있는' 것입니다. 다른 모든 것은 당신의 내적 분리의 결과로 삶에 투사된 왜곡 현상입니다. 순간순간의 경험과 '함께 있을수록', 그리하여 사랑할 수 없다고 여겼던 모든 것을 포용할수록, 당신은 더 자유로워집니다. 삶과 '함께 있을' 수 있는 능력이 적을수록, 당신은 삶과 자신의 해결되지 않은 측면에 더 저항하고 있는 것입니다.

당신은 당신의 '창조된 자아' 안에 살면서 조건반사적인 반응이나 저항에 거의 완전히 잠겨 있었습니다. 영성은 자기 자신의 죽음, 곧 심리적 자아, 창조된 자아, 에고 자아의 죽음에 관한 것입니다. 자아가 죽고 나면 살아남아 있는 것은 사랑뿐이고, 사랑은 중립성, 개방성, 광활함의 확장적 경험입니다. 중립성 안에 있으면, 누구를 비난할 필요도, 상황에 반응할 필요도 없습니다. 당신은 아무런 판단 없이 현재 당신의 내면에서 일어나고 있는 일에 주의를 기울일 수 있습니다. 외부에서 일어나고 있는 일과 관련하여 내면에서 당신이 발견한 것을 포용할 수 있습니다. 당신은 화와 더불어, 슬픔과 더불어, 두려움과 더불어, 중립성 안에 앉아 있을 수 있습니다. 삶과 '함께 있음'으로써, 당신은 왜곡을 해소하게 됩니다.

우리는 다른 사람들에게 사랑받고 있고 인정받고 있다고 느끼고 싶어서 우리 자신을 '더 낫게' 만들기 위해, 더 나은 미래의 자아상을 창조하기 위해, 갖은 애를 씁니다. 그러나 진실은, 우주적 사랑이 이미 우리 안에, 바로 지금 있는 그대로의 당신 안에 있다는 것입니다. 이것은 단지 말뿐만이 아닙니다. 이것이 바로 당신 자신의 현실입니다.

우주적 사랑이 이미 우리 안에,
바로 지금 있는 그대로의 당신 안에 있습니다.

당신이 이 현실을 완전히 받아들일 때, 당신은 신성한 에너지가
살아 숨쉬는 횟불로서 존재할 수 있게 됩니다. 사람들은 당신
가까이에만 있어도 저절로 긴장이 풀릴 것이고, 당신이 편안하고
안전하다고 느낄 것입니다. 당신의 관계에는 행복과 연결의
에너지가 불어넣어질 것입니다. 왜냐하면 당신의 내면이 그만큼
환해지고 있는 중이기 때문입니다. 당신의 에너지는 더 이상
사람들로부터 사랑을 끌어내려고 하는 데에, 있는 그대로의 당신
'이상'이나 '이하'로 나타내 보이려고 하는 데에, 낭비되지 않을
것입니다. 당신이 당신 내면에 있는 사랑과 정렬될 때, 당신은
당신 자신과, 또한 당신의 삶과 관련된 모든 사람과 평화를 이루기
시작할 것입니다.

당신은 내면에 닻을 내릴 것이므로 주변에서 무슨 일이 일어나든
—누가 병원에 있든, 누가 당신에게 결별을 선언했든, 누가 당신의
문자를 씹었든—당신은 고요히 빛날 것입니다.

당신이 당신 내면에 있는 사랑과 정렬될 때,
당신은 당신 자신과, 또한 당신의 삶과 관련된 모든 사람과
평화를 이루기 시작할 것입니다.

저항, 애착, 혐오에서 수용, 사랑, 연결로 옮겨갈 때, 당신은
변화될 것입니다. 그러나 중요한 것은, 이러한 변화는 '다른 사람이
되는 것'에 관한 것이 아니라는 점입니다. '창조된 자아'를 '창조된
자아'의 더 훌륭하고 더 영적이고 더 사랑스러운 버전으로 대체하는
것에 관한 것이 아닙니다. 변화는, 내면의 빛을 드러내는 일에
관한 것입니다. 그것이 곧 깨어남이고 깨달음입니다. 당신이 당신의
참자아를 기억할 때, 사랑이 드러납니다. 그러면 당신의 삶에서
어떤 일이 펼쳐지고 있든, 그 일 역시 사랑으로 스스로를 드러냅니다.
진정한 변화는, 당신이 당신의 세계와 새로운 관계를 창조하는
일에 관한 것이며, 그것은 곧 '하나임' 안에서 사는 일입니다.

당신이 당신의 참자아를 기억할 때, 사랑이 드러납니다.
그러면 당신의 삶에서 어떤 일이 펼쳐지고 있든,
그 일 역시 사랑으로 스스로를 드러냅니다.

당신의 삶은, 다른 모든 피조물과 마찬가지로, 끊임없이 진화하고 있습니다. 자연계는 항상 살아 움직입니다. 어떤 것도 고정되어 있지 않습니다. 오직 인간만이, 지금의 상태가 최선이라도 되는 것처럼 현상 유지를 위해 치열하게 싸웁니다. 우리는 우리의 웰빙에 도움이 되지 않는 경험들, 존재 방식들, 신념들조차 확고하게 고수하고자 합니다.

두려움, 신뢰 부족, 조건화를 통해, 우리는 모든 종류의 에고적 집착을 형성하고, 모든 것을 통제하려고 애씁니다. 그러나 심오한 변화의 상태에서 살기 위해서는, 이러한 집착을 풀고 삶의 모든 측면, 곧 사회, 가족, 친구, 특히 자기 자신과 새로운 관계를 창조해야 합니다. 당신의 감정, 생각, 신념, 개념 및 이해가 새롭게 발돋움해야 합니다.

감정과의 관계를 생각해 보십시오. 당신이 뉴스를 보고 있고, 슬픔과 두려움을 불러일으키는 무언가를 보았다고 가정해 봅시다. 당신은 당신의 참자아에 뿌리를 둠으로써 슬픔과 두려움을 사랑으로 받아들여 당신을 더 높은 수준의 의식적 자각으로 이끌 도구가 되게 하지 않고, 당신 스스로 감정 자체가 되어버립니다. 그래서 그 감정들이 당신을 통제합니다. 잠시 후, 친구가 저녁식사에 초대한다고 전화를 걸어오면, 당신은 피곤하고 우울하다는 이유로 거절합니다. 감정이 당신을 포로로 사로잡아서 그 에너지가 뭉쳐지면, 삶의 흐름이 끊어지게 됩니다. 당신을 앞으로 나아가게 하는 흐름을 탈 수 없게 됩니다. 그러면 의미 있고 건설적인 행동을 하도록 당신을 움직일 수 있는 영감이 차단됩니다.

당신은 직장에서 당신의 제안서가 즉시 필요하다는 전화를 받습니다. 그 즉시, 스트레스가 몰려옵니다. 당신은 아이와 함께 다음날 아이의 학습 준비물을 사기 위해 쇼핑몰에 와 있기 때문입니다. 상사가 초조하게 볼펜을 딸깍거리는 모습이 떠오르면서, 불안해지기 시작합니다. 전화를 끊고 얼마 지나지 않아, 당신의 불안은 더욱 심해집니다. 당신은 혼란스럽고 고통스러운 스트레스 뭉치로 변해, 사람들을 밀치고, 아이에게 조바심을 내고, 아이와 함께 하려고 했던 간식 시간을 뒤로 미룹니다.

참자아에 확고하게 뿌리를 두고서 불안이 내면에서 솟아오르도록 허용하고, 무엇이든 자신이 감당할 수 있다는 믿음으로 도전에 나서는 대신, 당신은 감정 자체가 되어버립니다. 그러면 결국 언젠가는 소화되지 못한 내면의 경험이 다시 당신에게로 돌아와 반영될 것입니다. 이런 일이 일어나고 있다는 사실을 단순히 알아차리고, 불편함 중에도 마음을 편히 먹을 수 있다면, 당신은 당신 자신에 대한 제한된 정체성에서 당신 자신을 구출해낼 수 있습니다. 당신은 '관찰자', '참자아'로서 의식적 자각을 회복할 수 있습니다.

순간의 열기 속에 있을 당시의 의식적 자각 수준이 높을수록, 당신은 조건반사적인 반응을 하지 않고 차분하게 대응할 수 있습니다. 지켜보고 있는 목격자로서의 자신이 더 진실된 자기 자신임을 실감할 때, 당신은 생각이나 감정에 더 이상 사로잡히지 않게 됩니다. 이렇게 근본적인 힘의 바탕 위에 확고히 뿌리내리고 있는 입장에서 보면, 당신이라는 존재의 서로 다른 모든 측면들은 '통합된 당신'이 경험하는 부분들입니다. 당신은 그 모든 부분들을 온전히 받아들이면서 살 수 있습니다. 이러한 대전환은, 모든 것이 연결된 상태의 삶을 살게 해줍니다.

이제 마음에 대해 생각해 보십시오. 마음은 항상 변하고, 공상을 일삼고, 판단하기 일쑤입니다. 마음은 고통과 상처를 완화하기 위해 항상 초과 근무를 합니다. 당신은 항상 인정받고 사랑받는 사람이 되고 싶어서 마음의 수고를 아끼지 않습니다. 당신은 스스로 "내가 미쳤지." 싶을 때가 있을 것입니다. 당신의 마음이 미친 생각을 만들고 있기 때문이지요. 당신은 은행 예금 액수 같은 특정 결과물에 대해 늘 생각합니다. 당신의 마음은 항상 그런 것에 사로잡혀 있습니다. 한발 물러나 소기의 성과를 얻기 위해 최선을 다하는 마음을 지켜보는 대신, 당신은 그것과 얽혀 그것 자체가 되어버립니다. 그러면 집착이 당신을 지배하여 당신의 감정과 관계 속으로 스며들기 시작합니다. 당신은 자신을 다른 사람들과 비교하면서 삶이 공평하지 않다고 느낍니다. "다른 사람들은 저마다 짝을 찾아 결혼을 하여 아기들을 쑥쑥 잘 낳고 알콩달콩 살아가는데, 왜 나만 이러지?" "다른 사람들은 돈을 잘들 버는데 왜 나만 이 모양 이 꼴이지?" 당신의 경험은 불안과 불만족으로 만원사태를 이룹니다.

당신이 당신 마음의 '관찰자'로 남을 수 있다면, 당신은 그런 것들 속에서 자신을 잃지 않고 그 허구성을 볼 수 있습니다. 참자아를 알고 그 안에서 살아가면, 어떤 사태가 닥치든 마음의 여유를 갖고 조화 안에서 긴장을 풀 수 있습니다. 우주는 신성과 하나이기 때문에, 당신은 우주의 타이밍과 질서를 신뢰할 수 있습니다. 관찰자로의 대전환은, 에너지를 집착으로부터 벗어나게 해줍니다.

마음이란 것이 생각하고, 식별하고, 계량하고, 결정하고, 서로 연결짓는 일을 하는 심리적 도구라는 것을 인식하고 당신이 마음과 새로운 관계를 창조할 때, 당신은 자신의 생각을 자신과 동일시하는 대신, 냉정한 관찰자가 될 수 있습니다. 그러면 당신은 이렇게 말할 수 있을 것입니다. "보라, 마음이란 수많은 생각을 창조한다. 선한 생각과 악한 생각을, 행복한 생각과 슬픈 생각을, 창조적인 생각과 파괴적인 생각을 한다. 그것이 마음이 하는 일이다. 나는 그것을 지켜보는 자이지, 마음이 지어내는 생각들이 아니다." 이러한 대전환은 당신으로 하여금 당신의 마음과 새롭고 평화로운 관계를 가질 수 있게 해줍니다.

이제 당신과 사람들의 관계를 살펴봅시다. 당신은 사람들이 당신을 사랑하고, 당신을 받아들이고 존중해 주기를 원합니다. 당신은 그들이 당신에게 가치를 부여해 주기를 원합니다.

하지만 당신이 이러한 관계를 변화시킨다면 어떻게 될까요? 그들이 당신을 인정하든 인정하지 않든, 사랑하든 거부하든, 그것으로부터 아무런 영향도 받지 않는다면 어떨까요? 당신이 만약 지금 자신이 하고 있는 일을 지켜보면서 단순히 현재 순간을 살 수 있고, 그리하여 신께서 신의 지성과 에너지를 이 세상에 표현하기 위한 독특한 도구로서 당신을 창조했다는 것을 온전히 받아들일 수 있다면 어떨까요? 그러한 변화가 이루어진다면, 당신의 인간관계는 어떻게 달라질까요? 당신 자신이 무가치하다는 느낌이나, 당신만의 독특함을 표현하는 능력은 어떻게 달라지게 될까요?

당신과 삶의 관계를 살펴봅시다. 당신은 대부분의 시간을 '있는 그대로'에 저항을 하는 데에 사용합니다. 많은 시간을 집착과 혐오에, 밀고, 당기고, 붙잡고, 씨름하느라 보내 버립니다. 당신이 삶과의 관계를 바꾸어, 삶으로 하여금 저 스스로 펼쳐지도록 내버려둔다면 어떨까요? 당신이 모든 것을 '있는 그대로' 받아들이고 당신 안에 이미 존재하는 흐름과 추진력에 따라 움직여

나간다면 어떨까요?

지금, 당신과 당신 자신의 관계는 어떻습니까? 당신은 분리, 투쟁, 한계 속에서 살고 있지 않은지요? 내면의 전투가 격렬하게 치러지고 있지는 않은지요? 수치심과 죄책감에 시달리고 있지는 않은지요? 피해의식에 사로잡혀 있지는 않은지요? 이런 관계를 바꾸면 어떻게 될까요? 삶에서 일어난 모든 일이 당신의 의식확장과 진화에 기여했다는 것을 마침내 깨닫게 되었다면 어떨까요? 그러면 당신은 이제야 비로소, 과거를 다른 시각으로 바라보고 가능성의 미래로 나아갈 수 있을 것입니다.

아무리 노력해도 우리는 우리 자신으로부터 도망칠 수 없습니다. 유일한 선택은, 저항을 끝내는 것입니다. 집착하고, 혐오하고, 통제하려는 삶에서 허용하고, 받아들이고, 흐름에 맡기는 쪽으로 이동하는 것입니다. 뜨거운 난로에 손을 댔을 때 아픔을 느낀다면, 그 즉시 난로에서 손을 떼야 합니다. 고통이 저항으로 인한 것인 줄 안다면, 그 즉시 저항을 멈추어야 합니다. 저항을 끝내면, 삶이 더 쉽고 평화로워집니다. 삶은 저 스스로 흘러갑니다.

내려놓는다는 생각이 심각한 고통과 두려움을 불러일으킬 때가 있었습니다. 나의 가장 큰 숨겨진 두려움 중 하나는, 내가 나 자신의 참된 본성을 충족시키면서 더 높은 의식 상태로 진화하게 되면, 나와 더불어 진화할 수 없는 사람들은 떠나보내야 할 것이라는 생각이었습니다. 나는 내가 깊이 사랑하게 된 사람들—나의 아내, 아이들, 부모님이 없이 살아가는 나의 삶을 상상해 보았습니다. 나는 집착하고 있었습니다. 내 마음의 핵심에는 깊은 슬픔이 자리잡고 있었습니다.

하지만 나는 불편함을 싫어하는 마음을 내기보다는 슬픔 속에 가만히 앉아 있노라면 언제나 완벽한 결과가 나온다는 것을 알게 되었습니다. 오늘날까지도 나는 그것이 완전한 깨달음이었던 것으로 여겨집니다. 나는 그때, 내 주변에 자리하고 있어온 사람들은 모두가 다 완전하다는 것, 그들은 있는 그대로의 자기 자신이 아닌 다른 무엇도 될 필요가 없다는 것을 알아차렸습니다. 모든 사람은 저마다 자신만의 완벽한 진화의 길 위에 서 있습니다. 한때 나는 현실이란 것이 너무나 낯설게 여겨지곤 했는데, 이제 우리 가족은 그 현실에 대한 사랑의 밧줄 역할을 합니다. 가정생활은 내가 떠나야 할 필요가 있는 무엇이 아닙니다. 진실로 그것은 내가 수용하고 허용하는 능력을 키워 나감에 따라 계속해서 함께 흘러야 하는 무엇입니다.

마지막으로, 당신의 삶의 목적과 당신의 관계를 생각해 봅시다. 당신의 인생 목적은 부자가 되고, 유명해지고, 강력해지고, 성공하고, 더 똑똑하고 현명해지고, 더 깨닫는 것이 아닌가요? 현재의 당신이 아닌 다른 누군가가 되어야 한다고 생각하시는지요?

외부의 무엇인가에 초점을 맞추고 성취를 추구하시는 건지요? 더 나은 부모, 더 나은 연인, 더 나은 직원, 당신을 더 따르는 사람을 바라시는지요? 인생의 '목적'에 대한 관점을 달리하여 관계를 바꾸게 되면 어떻게 될까요? 당신이 '더 나은' 사람이 되어 누군가에게 더 인정을 받는다면, 당신의 인생 목적은 그만큼 더 성취되는 것일까요? 그렇게 되면 더 행복해질까요? 아마 그럴지도 모릅니다. 하지만 당신의 인생 목적이 당신의 참자아를 아는 것이라면 어떨까요?

시간과 당신의 관계는 어떻습니까? 여기서 필요한 것은, 내가 '확장된 마음챙김'이라고 부르는 것으로의 전환입니다. '확장된 마음챙김'이란 단순히 브레이크를 부드럽게 누르고 현재 순간의 여유로움 속으로 속도를 늦추는 능력입니다. 파워는 현재에만 존재합니다. 과거와 미래는 변화의 힘을 가질 수 없습니다. 과거는 대부분 풀리지 않은 이야기, 무가치함, 희생양입니다. 미래는 대부분 두려움과 걱정입니다. 현재 순간은 무의식적인 것에 의식의 빛을 비추어 더 이상 조건반사적인 반응에 사로잡히지 않을 수 있는 곳입니다. 현재 순간은 참자아의 안식처입니다.

파워는 현재에만 존재합니다.
과거와 미래는 변화의 힘을 가질 수 없습니다.

당신의 마음에 대한, 다른 사람들에 대한, 삶에 대한, 당신 자신에 대한, 당신의 인생 목적에 대한, 그리고 궁극적으로 시간에 대한 당신의 관계를 바꾸는 것은, 당신을 안락함, 평화, 하나임, 수용의 방향으로 이동시키는 일입니다. 이러한 대변화는, 꽉 쥐고 있는 주먹을 펴고 삶의 큰 흐름에 따르는 일입니다. 그러면 경계, 분리, 혐오가 해소되고, 무한의 세계가 열리게 됩니다.

몸과 마음과 감정은 끝없는 바다의 작은 파도들입니다. 무한한 바다는 참자아로서, 자신의 넓이와 깊이 안에 모든 것을 두루 포함합니다. 모든 상황에서 항상 자신을 참자아와 동일시함으로써 우리는 평화를 누릴 수 있습니다. 행복, 풍요, 행복, 사랑, 자유가 우리의 영토가 됩니다.

참자아를 아는 것이야말로 진정한 성취입니다. 삼매입니다.

12

가슴으로 들어가라

수용과 진동적 변화의 목표는 당신을 순둥이로 만드는 데에 있지 않습니다. 학대당하는 관계이든, 마지못해 다니는 직장이든, 착한 마음씨 때문에 가족 구성원에게 일방적으로 이용당하고 있든, 현재의 처지에 대해 아무것도 하지 않는 것을 두고 '현실을 더 수용하고 진동에 변화'가 생겼기 때문이라고 한다면, 그것은 결코 변명이 될 수 없습니다. 그와는 정반대로, 진동에 변화가 이루어진 상태라면 더 큰 힘과 영감을 부여받아 역동적인 활약을 할 수 있어야 합니다. 진동 변화란 바로 그런 활동을 할 수 있는 무대를 세우는 것이기 때문입니다.

진동에 변화가 이루어진 상태라면
더 큰 힘과 영감을 부여받아
역동적인 활약을 할 수 있어야 합니다.

'있는 그대로'에 대한 저항을 끝내면, 집착과 혐오에서
해방됩니다. 마음이 편안해집니다. 당신은 머리를 써서 하는 지성의
날카로운 문제 해결 방식에서 벗어나, 더 깊고 부드러운 직관의
느낌 영역으로 이동합니다. 그러면 안도감이 삶 속에 자리 잡게
됩니다. 당신의 존재에 균형이 이루어지고, 당신의 가슴은 연꽃처럼
피어납니다. 그리고 이렇게 정렬된 고도의 진동 에너지는 당신이
결정을 내려야 할 때마다 정보를 제공해 줍니다. 당신이라는 존재의
표현이 세상에서 가장 강력하게 이루어지는 것은, 이렇게 따뜻함과
부드러움의 영역에 근거를 둘 때 가능해집니다.

내가 가족을 떠나 적은 돈만 지닌 채 런던에서 미국으로 이주한
것은, 내가 마침내 나 자신에게 솔직해져서 가슴의 소리에 귀를
기울였기 때문입니다. 나는 큰 고통을 통과했고, 나 자신이
누구인지, 그리고 내가 무엇을 세상과 공유하기 위해 온 것인지를
이해하고 받아들이기 위해 내적으로 씨름을 벌였습니다.

논리적으로는 런던에 남아 가업을 대물림하여 안정적인 수입을 확보하고 그것을 또 내 아이들에게 물려주는 것이 더 합리적이었을지 모르지만, 나는 내가 이 세상에 온 것이 사랑과 깨달음을 전하기 위해서라는 것을 가슴으로 알았습니다. 그것이 내 가슴에 이미 각인되어 있었습니다. 그러한 앎을 이정표 삼아 은총에 넘쳐 내가 오늘날 이끌어가고 있는 삶, 내 영혼과 공명하는 삶을 향해 걸어 들어갔습니다.

가슴을 여십시오. 당신이 만들어낸 자아의 가장 깊고 어두운 부분을 포용함으로써 속풀이를 하십시오. 당신 자신의 가장 깊고 어두운 부분은, 대개 당신의 하위 인격의 옷을 입고 가려져 있습니다. 하위 인격은 세상을 헤쳐 나아가는 데에 도움이 되는 에고 나름의 적응 방식입니다. 그것은 당신이 자신의 가치에 회의를 느끼고 사랑받을 만하지 않다고 느끼게 될 때 당신을 보호하는 대처 메커니즘입니다. 이런 일은 억압된 트라우마가 생길 때 나타납니다. 상처가 심할수록 제자리에서 버티면서 자기 존재를 나타냅니다. 당신이 스스로 도전을 받거나, 비판을 받거나, 위협을 받고 있을 때, 혹은 에고가 위험에 처했다고 느끼는 상황에서, 하위 인격은 자기 자신을 강력하게 주장합니다. 에고의 살아남기 위한 반응입니다.

가슴을 여십시오.
당신이 만들어낸 자아의 가장 깊고 어두운 부분을 포용함으로써
속풀이를 하십시오.

　당신의 직장 상사가 당신을 회의에서 제외시켰다고 가정해
봅시다. 당신은 그것을 개인적인 일로 받아들입니다. 당신은 자신이
과소평가되고 인정받지 못하고 있다고 느낍니다. 잘못된 일이라는
압도적인 느낌이 덮쳐와서, 당신은 분노로 얼굴이 붉어집니다.
당신은 그의 비서에게로 걸어가서, 자신이 통제 불능이라는
사실조차 깨닫지 못한 채 분노를 폭발시킵니다. 분노 폭발의 원인이
되는 이 하위 인격의 과격한 표현이 잠잠해지면, 당신은 수치심과
죄책감, 그리고 보복에 대한 깊은 두려움에 사로잡힙니다. 안고
가기에는 너무 고통스럽기 때문에 당신은 그 모든 것을 한쪽으로
치워 둡니다. 당신이 당신의 하위 인격 중 하나를 경험하고 그
행동에 말려들 때, 당신은 고통에 휩쓸려 자신이 무슨 짓을 저지르고
있는지도 모르기 십상입니다.

　최근 어떤 사람이 결혼식에서 말다툼이 벌어진 일을 저에게

말해 주었습니다. 어떤 여자가 자신이 원하는 자리에 앉지 못한 듯했습니다. 그녀는 소외감을 느끼고 자신이 표적이 되었다고 느꼈고, 감추어져 있었던 하위 인격이 활성화되었습니다. 그녀는 화를 내며, 믿기지 않을 정도로 충격적인 언설을 퍼부었습니다. 이런 일은 일어나게 마련입니다. 때로 사람들은 에고가 위협을 당했다는 이유로 누구도 예상할 수 없는 방식으로 행동합니다. 더 미신적인 시대에는, 다른 존재가 그들의 몸 속에 들어간 것으로 믿기도 했습니다. 당신이 사랑하는 사람이 갑작스레 마치 당신이 전혀 모르는 사람처럼 행동할 수도 있습니다. 갑자기 화를 내고, 슬퍼하고, 두려워하고, 날카로운 비난을 퍼붓습니다. 그런 상태가 되면 상대방은 똑같이 맹렬한 비난을 퍼붓거나 도망쳐 버리고 싶을 것입니다.

사람들은 평균적으로 내면에 8~12개의 하위 인격을 숨겨 가지고 있으며, 이런 하위 인격은 자신이 만들어낸 자아를 보호하기 위해서라면 언제든지 뛰쳐나올 준비를 갖추고 있습니다. 이러한 하위 인격은 반란자, 폭군, 어머니, 무고한 사람, 백기사, 방해 공작원, 수호자 같은 전형적인 모습을 취할 수 있습니다. '영적인' 사람들이 자신의 이러한 부분을 다루는 데 그렇게도 많은 어려움을 겪는 이유는, 그런 자신의 면모를 받아들여서는 안 된다고 배우고 훈련받았기 때문입니다. 때로는 자신의 몸과 마음인데도 어쩔 수가 없을 때가 있습니다. 자신의 몸과 마음에 대해 자신이 무력하다는 것을 누가 인정하고 싶겠습니까? 하위 인격을 만든 고통을 끌어안아 녹일 수 있는 것은, 완전하고 사랑스럽고 가슴 중심적인 수용과 포용을 통해서만 가능합니다. 고통이 사라지면, 하위 인격은 스스로 무너집니다.

자신의 미성숙한 측면을 잘 보살펴서 자아의 모든 측면이 더 큰 진화에 필요하다는 것을 이해할 수 있어야 합니다. 그것이 깨달음의 길입니다. 이렇게 전체를 두루 껴안을 수 있어야 두려움과 고통과 상처, 그리고 과거에 당신에게 덫이 되고 함정이 되었던 모든 것을 해소시킬 수 있습니다. 당신은 지금 당신이 있는 곳에서 지금 있는 그대로가 '신의 지성'을 표현하기 위한 완벽한 수단이라는 것을 알게 됩니다. 사실, 이것이야말로 당신을 평화롭게 살 수 있게 해주는 유일한 이해요 경험입니다.

지금 당신이 있는 곳에서 지금 있는 그대로가
'신의 지성'을 표현하기 위한 완벽한 수단입니다.

우주 의식은 실수를 하지 않습니다. 우주 의식은 불완전한 존재를 창조하지 않았습니다. 그것은 이 세상에서 사랑, 평화, 성취, 기쁨을 확장하는 데 필요한 모든 것을 정확히 창조했습니다. 그것은 당신의 특성, 당신의 차이점, 당신의 특이성, 당신이 스스로 자신의 흠이라고 인식하는 것, 심지어 당신의 하위 인격마저도 '모습 없는 무한대'를 '모습 있는 것'으로 변환시키는 데에 사용합니다. 그것을 느껴 보십시오. 그것을 온전히 차지하십시오.

존재하는 완벽함을 보지 못하게 하는 것은, 에고의 판단과 조건화가 힘을 합쳐 벌이는 일입니다. 그러나 당신이 당신의 참자아와 연결되어 있고, 당신이 하기로 되어 있는 일을 하고 있다면, 당신은 그다지 세상에 '적합한' 사람이 되지 못할 것입니다. 왜 그럴까요? 당신은, 진정한 당신의 정교한 장엄함 속에서, 사람들에게 당신을 맞추는 것이 아니라, 당신을 당신 자신에게 맞추기 때문입니다. 사람들은 저마다 자기들 입맛대로 당신을 받아들일 것입니다. 사람들은 그것 때문에 당신을 미워하거나 사랑할 것이지만, 그것이 무슨 상관입니까?

고급 레스토랑에 가보면, 대체로는 음식이 아주 입맛에 맞거나 맞지 않는 경우가 대부분입니다. 그 중간인 경우는 별로 없습니다. 고급 레스토랑에 가는 것은 패스트푸드 체인점에 가는 것과는 다릅니다. 패스트푸드는 대부분 편리하지만, 훌륭하다고 하기는 어렵습니다. 당신이라는 존재는, 세계 최고의 요리사가 가장 신선한 유기농 재료로 완벽하게 만든 요리라고 할 수 있습니다. 영국산 완두콩이 들어 있는 델리키트한 리조토, 프랑스식 랍스터 비스크, 톡 쏘는 회향 풀과 루꼴라 샐러드, 즙이 많은 등심구이, 라즈베리 쿨리를 곁들인 풍부한 초콜릿 무스. 당신의 독특한 맛과 식감은 어떤 사람들에게는 반향을 일으킬 것이지만, 다른 사람들에게는 그렇지 않을 것입니다. 그것은 중요하지 않습니다. 중요한 것은, 감자튀김을 곁들인 패스트푸드 버거이기를 멈추는 것입니다. 당신만의 독특한 맛을 가진 당신 자신을 껴안아 주세요. 어떤 요리이든, 당신 스스로 최고의 버전이 되십시오. 가슴으로 사십시오.

시에나의 성 카타리나St. Catherine of Siena는 말했습니다. "신께서 당신을 존재하도록 의도하신 바로 그 사람으로 존재하십시오. 그러면 당신은 세상에서 눈이 부시도록 빛나는 존재가 될 것입니다."

13

조화로운 삶

인간으로 존재한다는 것은 어떤 의미를 지닐까요? 우리는 하나의 종種으로서 우리 자신을 어떻게 정의하고 있습니까? 우리의 유산은 무엇입니까?

역사는 기본적으로 전쟁으로 점철되어 왔다고 할 수 있습니다. 미국의 역사는 독립 전쟁, 남북 전쟁, 제1차 세계 대전, 제2차 세계 대전, 냉전, 한국 전쟁과 베트남 전쟁, 그리고 이라크와 아프가니스탄 전쟁으로 이어져 왔습니다. 세계 역사는 제국의 흥망성쇠, 그들의 지배와 피할 수 없는 쇠퇴로 정의됩니다. 진실로, 아름다운 그림이라고는 할 수 없습니다. 그러나 모든 소란, 파괴, 피흘림과 함께 문학, 예술, 과학, 철학이 있습니다. 사회적 영향과 전면적인 개혁이 있습니다. 윌리엄 셰익스피어의 불후의 희곡들이 있고, 파블로 피카소의 역동적인 그림들이 있습니다. 조너스 소크 Jonas Salk의 소아마비 백신 발견 및 개발이 있는가 하면, 플라톤, 아리스토텔레스, 스피노자로 이어지는 사상가들이 있고, 미국 헌법과 민권 운동이 있습니다. 너무나 많은 발견들이 있어 왔고, 창의성을 꽃피운 사람들도 많습니다. 영향력, 영감, 확장, 아름다움, 힘이 있습니다.

그러나 사람들의 삶, 하루종일 서로 상호작용을 하면서 살아가는 모습을 확대해 본다면, 각 개인들은 여전히 내면의 투쟁을 벌이고 있습니다. 마음은 쉴 새 없이 수다를 떨고, 감정은 늘 혼란스럽습니다. 젊은이, 노인, 남성, 여성, 성인, 어린이 모두가 아픈 마음, 산만한 마음, 분노, 되갚음, 증오 등의 짐을 걸머지고 이 지상의 존재로서 살아가고 있습니다. 때로는 외부 환경이 상대적으로 더 좋을 때도 있고, 더 나쁠 때도 있습니다. 식량 부족으로 힘든 시기가 있는가 하면, 풍족한 시기도 있습니다. 하지만 지속적인 내적 충만감, 평화, 사랑의 감각은 거의 찾아보기 어렵습니다.

하지만 그 모든 것이 바뀌고 있습니다. 우리는 사람들이 자신들의 참자아와 연결되어 참자아에서 비롯되는 삶을 살아가는 '영혼의 시대'에 진입하고 있습니다. 이러한 떠오르는 패러다임 속에서,

인간으로 존재한다는 것이 무엇인지 그 의미가 재정의되고
있습니다. 사람들은 자신이 진정 누구인지에 대한 더 깊은 이해를
갈망하고 있습니다. 참자아를 깨우기를, 알기를 원하고 있습니다.

사람들은 자신이 진정 누구인지에 대한
더 깊은 이해를 갈망하고 있습니다.
참자아를 깨우기를, 알기를 원하고 있습니다.

참자아를 깨워서 아는 일은 진동의 여정이며, 따라서 이렇게
멋진 신세계에 살면서 앞으로 나아가려면 진동의 관점에서 자기
자신을 새롭게 보아야 합니다. 이 과정은 진동적 재정렬을 촉진하여
두려움에서 신성한 사랑으로, 투쟁에서 보편적 자유로, 생존
모드에서 완전한 풍요로, 저항에서 확장과 진화, 수용과 유연성의
흐름을 타고 나아가는 길입니다. 그것은 우리로 하여금 내적 한계,
아둔함, 의식의 제한된 상태에 대한 경험으로부터 모든 것과 하나가
되는 '하나임oneness'의 상태로 이동하게 해줍니다. 불협화음에서
신성과의 완전한 공명으로, 비정렬에서 완전한 정렬로의
이동입니다. 부족함에서 충만함으로, 한계에서 확장으로의

여정입니다. 우리의 참자아를 망각하고 베일에 싸여 안개 속 같은 삶을 사는 것에서 완전한 기억과 완전한 밝음으로 가는 여정입니다.

인간을 두려움에 차 있고, 투쟁적이고, 중독된 상태로 지내는 연약한 존재로 정의하는 것은 제한적이고 불완전합니다. 인간을 신성의 빛, 창조적 우주 지성과 하나인 참자아로 정의하는 것은 확장적이고 완전합니다.

힌두 철학에 나오는 '구나guna'의 개념은 인간 존재의 의미를 재정의하는 데에 중요한 이해의 도구를 제공해 줍니다. '구나'는 당신의 현재 에너지 상태를 설명하는 세 가지 기본 주파수입니다. 세 가지 '구나'는 항상 당신 안에 존재하지만, 중요한 것은 어떤 것이 더 지배적이냐 하는 것이고, 이것은 항상 유동적입니다. 세 '구나'는 조화, 순결을 뜻하는 '사트바sattva', 역동성, 활동, 자기 중심성을 뜻하는 '라자스rajas', 그리고 부정성, 둔감, 두려움, 무질서를 뜻하는 '타마스tamas'입니다.

바가바드 기타Bhagavad Gita는 이러한 세 가지 측면이 각 개인에게 어떻게 나타나는지, 깊은 통찰력을 제공합니다.

"도덕적이고, 사려 깊고, 애착이 없으며, 결과에 대한 갈망이

없는 행동은 '사트바'로 간주되고, 순전히 쾌락을 뒤쫓고 자기
이익만을 위해 애쓰는 행동은 '라자스'로 간주되며, 다른
사람이나 자신에 대한 손실이나 부상을 고려하지 않은 채
결과를 무시하고 망상 때문에 수행되는 행동은 '타마스'로
간주된다"(18:23.25).

오늘날의 세상은 대부분 '라자스'나 '타마스'에 의해 지배됩니다.
'라자스'는 원초적인 야망으로, 쾌락과 명예와 지위에 대한 몰두를
뜻합니다. 그것은 '에고의 불'입니다. '타마스'는 이와 달리 무겁고
느립니다. 그것은 진실을 가리는 두터운 환상의 안개입니다. 한
개인에게 '타마스' 에너지가 강하면 자의식이 거의 없고 의식 수준이
높지 않아서 조건반사적인 반응을 하기 쉽습니다. '라자스'와
'타마스'는 분리의 부산물이며, 참자아와 분리됨으로써 생기는
상처가 심해지면 그 상태에서 벗어나지 못하고 제자리에서 맴도는
경향이 있습니다.

당신 안에 있는 삼스카라의 저장고는 당신이 날마다 살아가면서
만나게 되는 일반적인 진동 상태를 창조합니다. 진동 변화를 통해
당신이 당신의 전체 진동 주파수를 높이면, 당신은 '사트바'의
수준에서 시간을 보낼 가능성이 높아집니다. 가장 높은 진동
주파수인 '사트바'는, 당신의 참자아와 조화를 이루는 깨끗하고

순수한 진동입니다. 그것은 창조계 안의 모든 것을 지원합니다. '사트바'가 당신의 내면에서 강해지면, 당신은 더 자연스럽고 유기적인 식습관과 생명력을 향상시키는 행동에 끌립니다. 몸을 훼손시키는 음식과 행동은 저절로 멀리하게 됩니다. 더 지고한 이해를 추구하고, 폭력과 두려움에 동조하지 않게 됩니다. 연민과 사랑을 느끼고, 그것을 자연스럽게 표현합니다. 당신의 에너지는 영혼과의 연결을 지원하는 모든 것에 매력을 느끼고 그것을 끌어당깁니다.

내 고양이는 항상 조화 속에 있는 것 같습니다. 밥을 먹고, 쥐를 죽이고, 짝짓기를 하고, 오줌을 누고, 잠자고, 심지어 헤어볼*을 토하는 것까지도 모두가 '사트바'적입니다. 그는 항상 그의 '고양이다움'과 완전히 일치하기 때문입니다. 그는 자기 자신의 진실된 본성에서 벗어나 본 적이 없습니다. 식물과 동물은 항상 진정한 자기 자신과 연결되어 있기 때문에, 모든 자연은 조화에 의해 지배됩니다. 내가 아는 한, 내 고양이는 자신이 무가치하다고 생각한 적도 없고, 수치심이나 죄책감을 느낀 적도 없습니다. 나는 그에게 적어도 몇 번 정도는 내 생각을 덮어씌운 적이 있습니다. 그가 배변 상자를 지나쳐 바닥에 오줌을 쌌을 때에는 죄책감을

---

* 고양이의 위장 속에 남아 있는 고양이의 털뭉치. 고양이는 자신의 청결을 유지하기 위해 느슨하고 죽은 털들을 삼켜 온몸을 깨끗하게 유지한다. 고양이는 때로 자신이 삼킨 털뭉치를 토해내기도 한다.

느낀 것이 분명하다고까지 생각했지요. 그러나 그것은 나의 인식이지 고양이의 것이 아니었습니다. 모든 자연은 항상 '사트바'적입니다. 인간은 자연과 달리 세 에너지(사트바, 라자스, 타마스) 사이를 번갈아 오가는 존재입니다. 나무는 항상 온전히, 진정으로, 조화롭게 나무입니다. 그것은 개미나 새의 역할을 하지 않습니다. 그것은 참자아 이외의 다른 것이 아닙니다.

조화는 진정성에서 우러나옵니다. 그것은 만물에 내재된 본질입니다. 당신은 진정성을 두고서, 당신이 선택한 역할, 즉 완벽한 남편이나 아내, 가장 똑똑한 아이, 또는 가장 영적인 사람이 되어 맡은 바 역할을 완벽하게 수행하는 것이라고 생각할 수 있습니다. 그러나 진정성은 자기가 할 일을 최고로 잘하는 것이 아닙니다. 진정성이란 상황에 관계없이 자신의 참 본성과 조화를 이루는 것입니다. 내 고양이처럼.

조화는 진정성에서 우러나옵니다.
그것은 만물에 내재된 본질입니다.

우리가 부조화를 느낄 때, 그것은 조화로 돌아가라는 초대입니다.

부조화는 에고에 기반을 둔 진동적 경험입니다. 조화와 평화는 영혼의 수준에서 존재할 때의 진동 경험입니다. 평화로운 상태에 있을 때, 우리는 영혼과 일치합니다. 다른 모든 것은 에고입니다.

**평화로운 상태에 있을 때, 우리는 영혼과 일치합니다.
다른 모든 것은 에고입니다.**

'존재Being'는 대부분의 사람들에게 어려운 개념입니다. 우리는 감각의 차원에서 세계와 관계를 맺기 때문에, 견고한 유형의 것을 선호하는 경향이 있습니다. '존재'는 그것과는 아주 거리가 멉니다. 우리는 그것을 보거나, 냄새를 맡거나, 맛보거나, 듣거나, 만질 수 없습니다. '존재'는 감정, 마음, 몸 너머에 있지만, 그것들 모두가 '존재', 바로 그것에서 나옵니다. '존재'는 인식의 고요한 바다이자 움직이는 파도의 원천입니다.

우리의 참자아, 순수한 '존재'는 조화와 평화 그 자체입니다. 그것은 다른 모든 것을 안정시키는 토대입니다. 그것은 항상 거기에 있지만, 너무 자주 가려지고 잊혀집니다. 그것이 의식적으로 현존하고, 의식적으로 기억되고 경험될 때, 우리는 온전함과 연결을 회복한 것입니다. 그런 이후에야 우리는 인간으로 존재한다는 것의 의미를 재정의할 수 있고, 조화로 돌아올 수 있습니다.

분리, 저항, 무가치감의 느낌에서 생기는 불안이 어느 날 갑자기 증발해 버렸다고 상상해 보십시오. 남은 것은 '하나임', 평화, 충만감, 사랑—번성하는 생명력뿐입니다. 그것이 바로 진정성이 보장해 주는 것이요, 참자아를 앎으로써 당신이 보장받는 것입니다. 그것이 바로 조화가 가져다주는 선물입니다. 그것은 당신으로 하여금 당신의 독특한 운명에 정렬하게 하고, 그 운명이 자발적으로 펼쳐지도록 힘을 실어줍니다.

당신은 항상 역할을 할 것입니다. 그것은 당신의 표현의 일부입니다. 진정성은 자기 역할을 포기하는 것을 의미하지 않습니다. 나는 남편, 아버지, 아들, 공급자, 작가, 연사의 역할을 할 것입니다. 나는 특정한 방식으로 보고 행동할 것입니다. 당신은 항상 당신의 역할을 수행할 것이고, 특정한 방식으로 보고 행동할 것입니다. 그리고 그 역할들은 항상 더 확장된 버전으로 변할 것입니다.

그러나 당신이 맡은 역할이 당신의 전체 이야기가 아니라는 것을 깨달을 때, 조화가 찾아옵니다. 잊혀지고 가려져 있었던 자신의 더 큰 부분을 당신이 다시 연결하고 기억하고 깨달을 때, 조화가 일어납니다. 이것이 궁극적인 정렬입니다. '참자아와 더불어 자기 역할을 하는' 것, 이것이 '하나임'의 상태의 회복입니다.

당신이 맡은 역할이 당신의 전체 이야기가 아니라는 것을
깨달을 때, 조화가 찾아옵니다.

인간으로 존재한다는 것의 의미가 새롭게 업그레이드되려면,
진동적으로 재정렬되어야 합니다. '둔함과 두려움'(타마스)에서
'행위'(라자스)로, 그리고 마지막으로 '존재'(사트바)로 이동되어야
합니다. 인간에서 '인간과 신의 하나됨'으로 옮겨가는 것입니다.
그것은 인간성을 버리는 일이 아닙니다. 그것은 필멸의 것과 불멸의
것—파도와 바다—모두를 포함하는 일입니다. 당신은 당신의
생각과 감정과 몸 그 이상입니다. 당신은 당신이 창조한 자아
이상입니다. 당신은 보편적인 우주 의식입니다.

인간으로 존재한다는 것의 의미가 새롭게 업그레이드되려면,
진동적으로 재정렬되어야 합니다.

우리는 그동안 너무나 외적인 데에 초점을 맞추어 인간 존재의 의미를 암울하게 규정해 왔습니다. 토대와 근원을 잊은 채로 살아왔습니다. 인간 존재는 단지 느낌과 마음과 몸이 아닙니다. 그것은 참자아이고, 감정과 마음과 몸입니다. 그러나 우리는 '신성한 지성', '관찰자', '목격자'로서의 우리 자신을 잊었습니다. 그것이 우리의 토대인데도. 그것이 바로 우리 자신의 자아실현인데도. 인간으로 존재한다는 것은 단순히 느끼고 생각하고 행동하는 것이 아닙니다. 우리 자신은 '있음' 자체이기도 합니다. '존재'—순수한 자각, 순수한 의식, 참자아—를 느낌, 사고 및 행동과 의식적으로 통합하는 것은, 연결되고 평화롭고 강력한 삶에 필요한 온전한 충만감을 창조합니다.

삼매를 아는 것이 가능성의 영역에 머물러서는 안 됩니다. 삼매는 살아있는 현실의 영역으로 옮겨가야 합니다. 그것이 인류가 넘어서야 할 마지막 경계입니다.

참자아를 저마다 자기식으로 표현하며 살아가는 세상이 되어야 합니다. 자기 자신을 세상에 표현하는 방식은, 사실 간단하다고 할 수 있습니다. 이미 말했듯이, 삶은 우리의 진동 주파수를 직접적으로 반영합니다. 우리 자신의 진동 주파수는 우리의 의식 상태, 참자아와 연결된 깊이를 나타내 줍니다. 그 연결 상태는 또한 당신이 접속할 수 있는 힘과 지성을 결정합니다. 우리의 진동이 가장 높고 가장 미묘한 주파수로 정렬되고 공명할 때, 우리는 참자아에 접속 가능해집니다.

당신이 방향을 잃고 우울해하고, 두려움 속에서 단절된 느낌이 들 때, 당신은 무력하고 피곤하며 스트레스를 받습니다. 어떤 일도 제대로 되지 않습니다. 당신이 중심이 잡힌 상태에서 행복해하고, 연결되어 있다고 느낄 때, 당신은 에너지가 넘치고 모든 것이 명확해지고 가능성이 쉽게 현실이 됩니다.

당신이 진동적 정렬 상태에 있을 때, 당신의 삶은 자발적이고 자연스럽고 완전하게 신의 완전한 지성과 능력을 표현합니다. 신의 메신저가 되어 세상에 자신을 표현합니다. 신의 창조적 지성이 표현된 것이 바로 지금의 당신입니다. 진동 변화는 이미 현존하는 참자아를 실현하는 것에 관한 것입니다. 당신을 다른 사람으로 바꾸는 것이 아닙니다. 당신이 당신의 참자아를 알 때, 당신은 이 세상에 스스로를 표현하고 있는 신성 자체가 됩니다. 당신은 평화, 사랑, 행복, 풍요의 속성을 표현합니다.

인간 존재의 의미를 재정의하는 것은, 가능성을 확장하는 일입니다. 당신은 결핍과 한계, 고통, 무가치함에 갇혀 있지 않습니다. 당신은 외적으로만 초점을 맞추어 왔던 존재에서 외적, 내적 양쪽 모두에 초점을 맞춘 존재가 됩니다. 당신은 감정, 생각, 행동에 집착하는 존재에서 있음 자체, 느낌, 생각, 행동을 두루 포용하는 존재로 전환됩니다. 당신은 삶의 외적 표현을 통해서 참자아를 의식적으로 경험하는 주체가 됩니다.

'존재'는 신성합니다. 당신은 인간 '존재'입니다. 당신의 지성, 당신의 지혜, 당신의 힘, 당신의 사랑, 당신의 혼란, 당신의 분노, 당신의 스트레스, 당신의 무가치함—그 모두가 신성합니다. 인간 존재에 대한 당신의 의미가 업그레이드되려면, 모든 것을 사랑하고 받아들일 수 있는 큰 그릇이 되어야 합니다. 깨어난 부분, 미친 부분, 연민하는 부분, 사랑스러운 부분, 두려워하는 부분, 화난 부분, 수치스러워하는 부분, 그 모두를 통째로 수용하고 사랑할 수 있어야 합니다.

신을 아는 이에게는 '신 아닌 것'이 없게 됩니다. 모두가 신입니다.

14

다섯 가지 '헌신'

   '성공한' 사람은 누구나 "성공이란 우연히 오지 않는다."라고 말할 수 있습니다. 성공은 거저 주어지지 않습니다. 몇 년, 때로는 수십 년에 걸친 집중의 결과입니다. 하룻밤 사이에 성공한 것처럼 보일지라도, 그러한 돌파 뒤에는 여러 해 동안의 노력과 여러 차례 거부당한 일들, 그럼에도 불구하고 계속 이어나갔던 끈기가 자리하고 있기 마련입니다. 성공한 사람들의 배경에는 혼신의 노력이 있었겠지만, 그보다 더 두드러진 것이 있다면 '헌신 commitment'이라고 할 수 있습니다. 헌신이 없이 성공한 사람들은 주목을 받다가도 무너지거나 아예 모든 것을 잃는 경우가 많습니다. 왜냐하면 애초부터 그럴 만한 그릇이 되지 못했기 때문이지요.

마찬가지로, 자신의 잠재력에 부응하여 살기 위해서는 거기에 헌신해야 합니다. 헌신하겠다는 다짐은 의도를 창조하고, 의도는 실현의 욕구를 만들어냅니다. 당신이 어떤 것에 가치를 부여하면, 당신은 그것을 높은 자리에 올려놓고 거기에 우선순위를 부여합니다.

목표나 욕망을 높은 자리에 올려놓고 거기에 우선권을 줄 때, 당신은 거기에 당신의 지성과 힘을 바치게 됩니다. 그리고 당신이 목표를 달성하기 위해 당신의 지성과 힘을 쏟을 때, 그것은 현실이 됩니다.

**헌신하겠다는 다짐은 의도를 창조하고,
의도는 실현의 욕구를 만들어냅니다.**

나는 여기에 다음의 다섯 가지 헌신 조항을 제시하고자 합니다. 그것들을 당신의 의식확장을 뒷받침하는 발판으로 삼으십시오. 순간순간, 날마다, 달마다, 그것들로 하여금 당신의 진정성, 당신의 기억, 당신의 회복, 당신의 깨달음을 인도하게 하여 '존재' 자체로 살도록 하십시오.

#1: 참자아를 알기 위해 헌신하십시오

인류는 일종의 기억상실증에 걸린 채로 살아왔습니다. '창조된 자아' 안에서 살면, 그렇게 됩니다. 이는 우연한 사고가 아니며, 잘못된 것도 아닙니다. 분리의 환상은, 본래 '하나임'을 기억하기 위한 무대라고 할 수 있습니다. 이러한 '은폐 무대'는 '노출을 위한 무대'이기도 하여, 당신이 참자아를 온전히 기억하는 데 필요로 하는 완벽한 환경과 구조를 제공함으로써 당신의 참자아가 드러날 수 있게 해줍니다.

나는 당신이 몸, 마음, 감정을 어떻게 자신과 동일시하는지에 대해 논의해 왔습니다. 그러나 동일시의 층은 거의 무제한적입니다. 당신의 개념과 신념에 대해 생각해 보십시오. 나는 미국인입니다, 나는 공화당원입니다, 민주당원은 미국의 도덕적 구조를 망칠 것입니다(혹은 그 반대). 나는 천주교 신자이며, 천주교야말로 유일한 참 종교입니다. 나는 이성애자이고, 게이들은 지옥에 갈 것입니다. (혹은, 나는 게이이고 이성애자들은 편협합니다.) 이런 식으로 많은 믿음과 조건화가 작용하고 있습니다. 동일시의 층은 이렇듯 다양합니다. 그리고 각 층은 두려움을 만들어냅니다. 왜냐하면 동일시는 우리 자신을 참자아로부터 분리시키기 때문입니다. 각 층은 우리의 진정성을 덮고 가립니다. 각 층은 진실된 것, 사랑스러운 것으로부터 우리 자신을 분리합니다.

우리는 신성과 하나된 상태에 있는 참자아에 대한 기억과 계시를 통해 분리를 끝내고 온전함을 회복합니다. 사람들은 저마다 나름의 방식으로 이 계시, 이 자유를 얻게 됩니다. 어떤 두 사람도 이 방식이 같은 경우는 없습니다.

사람들은 모방이 성공의 열쇠라고 생각합니다. 그래서 어떤 사람이 행하는 대로 자기도 따라 하면, 이 규칙이나 저 길을 따르면, 자신이 있어야 할 곳에 도착할 것이라고 생각합니다. 그러나 현실은 다릅니다. 각 개인은 악기의 현과 같아서 저마다 고유한 음색을 냄으로써 전 우주의 더 웅장한 교향곡에 기여합니다. 동일한 교육을 받은 동일한 산업의 두 기업가라도, 성공 경로는 저마다 다릅니다. 같은 가정에서 자란 쌍둥이라도 각자의 진동에 따라 각자의 삶을 살아야 합니다. 우리는 이 생에서 여행을 하면서 서로의 손을 잡을 수 있지만, 저마다 자기의 길을 가야 합니다. 우리의 참자아를 어떻게 신뢰할 것인지, 삶을 어떻게 통과할 것인지는, 우리들 각자에게 달려 있습니다.

그 시점까지, 나는 당신으로 하여금 가장 높고 최상의 깨어남을 경험할 수 있도록 지원하기 위해 이 책을 쓰고 있습니다. 가장 지성적인 형태의 인도는 사람들을 신과 하나인 상태인 자신의 참자아로 돌아가게 하는 것입니다.

우리는 이 생에서 여행을 하면서 서로의 손을 잡을 수 있지만,
저마다 자기의 길을 가야 합니다.
우리의 참자아를 어떻게 신뢰할 것인지,
삶을 어떻게 통과할 것인지는, 우리들 각자에게 달려 있습니다.

스토아학파 철학자인 마르쿠스 아우렐리우스Marcus Aurelius는
이렇게 썼습니다. "위에서, 아래에서, 사방에서 원소들이 춤을 춘다.
그러나 덕의 움직임은 거기에 없다. 가슴으로 뛰어 들어가서 길을
따라 행복하게, 은밀하게 나아가라. 그 길을 아는 '힘'이 있음을
신뢰하라."

당신의 참자아에 헌신하는 것은 당신의 삶 속에서 '신성한 지성'의
힘을 온전히 사용하는 것이며, 그 전달을 흐리게 하는 집착과 기대를
놓아버리는 것입니다. 그것은 당신 자신을 완전히 받아들이게 되는
일입니다. 당신이 당신의 삶을 있는 그대로 완전히 포용할 수 있을
때, 당신은 장엄한 자연을 다스리고 책임지는 '신성한 지성'과 그
힘을 받을 수 있습니다. 당신은 당신의 모든 발달 단계에서 당신
자신을 포용하는 법을 터득해야 합니다. 당신의 불안, 당신의 고통,
당신의 신경증, 당신의 두려움, 당신의 분노를 포함한 당신의 모든

부분이 소기의 목적 달성을 위해 봉사한다는 것을 이해해야 합니다.

진실을 말하자면, 당신은 이 삶의 '관찰자'입니다. 당신의 진화가 펼쳐지도록 인도하는 것은 은총입니다. 은총은 계시에 힘을 실어줍니다. 은총은 '하나임'을, 당신의 삶의 목적을 드러내어 줍니다. 참자아에 대한 당신의 기억을 온전히 회복시켜주는 것은 은총입니다.

이 발견, 이 전개, 이 깨달음, 이 계시야말로 당신이 헌신해야 할 것입니다.

#2: 새로운 과거, 현재, 미래에 대한 헌신

당신이 '창조된 자아' 안에서 살아갈 때, 당신은 거짓 동일시, 거짓 정의, 거짓 믿음의 세계에 살고 있는 것입니다. 거짓 동일시, 거짓 정의, 거짓 믿음은 당신의 삶을 보는 방식과 과거, 현재, 미래를 보는 방식을 색칠합니다. 이러한 오해는 극적일 수 있으며, 당신의 고통을 크게 증가시킬 수 있습니다.

당신은 당신에게 무슨 일이 일어났는지, 누가 당신에게 무엇을 했는지, 어떤 대우, 어떤 사랑, 어떤 학대를 받았는지에 따라 과거를 정의합니다. 당신은 당신의 경험에 의해, 당신에게 그리고 당신에 대해 말해진 것에 의해, 당신 자신을 정의합니다. 당신은 그런 입장을 갖고 그것이 당신의 참된 됨됨이라고 믿음으로써 그것을 개인화합니다. 당신은 세상이 당신에게 그렇게 살게 한다는 믿음을 굳게 붙들고 있습니다. 그 결과가 심한 피해의식입니다. '부모님은 나를 학대했다.' '선생님들은 나를 하찮게 여겼다.' '전 남편은 비열하고 나에게 무례했다.' '비즈니스 파트너가 나를 속였다.' 이런 식으로 '창조된 자아'는 잘못된 인식의 바다에서 잘못된 판단 아래 제한된 비전에 의해 생성된 '피해의식'에 사로잡힌 과거를 기억합니다. 이는 어느 것도 진실이 아닙니다. 왜냐하면 인생은 결코 당신**에게** 일어나는 것이 아니기 때문입니다. 인생은 단지, 모든 경우에, 오직 당신을 **위해**, 당신의 확장을 위해, 당신의 진화를 위해, 당신의 깨어남을 위해 일어나고 있습니다.

인생은 결코 당신에게 일어나는 것이 아닙니다.
인생은 오직, 모든 경우에, 당신을 위해, 당신의 확장을 위해, 당신의 진화를 위해, 당신의 깨어남을 위해 일어나고 있습니다.

당신의 인생에 등장하는 모든 사람과 모든 상황은 당신이 진정으로 누구인지 당신의 참자아를 기억하기 위해 일어나고 있습니다. 당신의 삶 속에는 아무것도 관련 없는 것이 없습니다. 피상적인 것도 없고, 서로 연결되지 않은 것도 없습니다. 이 모든 것은 당신을 위해, 당신의 기억을 위해 일어나는 일입니다. 이것이 바로 은총입니다. 이것이 당신의 과거에 대한 진실입니다. 이 진실을 온전히 받아들이는 것이 바로 당신이 헌신해야 할 것입니다.

현재 당신은 자신을 '창조된 자아'로 보기 때문에 무가치함과 부적절함, 한계를 믿으면서 살고 있습니다. 당신은 무언가가 많이 그릇되었다는, 옳지 않다는 미묘한 앎과 더불어 살아가고 있습니다. 그리고는 대부분의 경우 직장이나 가족이나 그밖의 여러 가지 일에 신경을 쓰느라 너무 바빠서 이를 해결할 마음도 없고 시간도 없습니다. 당신의 현재 현실에서, 당신이 이용할 수 있는 현재 순간은 없습니다. 당신은 현재를 경험하지 않도록 스스로를 길들여 왔습니다. 현재를 경험할 수 있는 것은 연결 상태, 깨어 있음의 상태, 마음챙김의 상태에서만 가능합니다.

당신은 '창조된 자아'가 당신의 참자아라는 확신에 차 있습니다. 어떤 차원에서는, 이 '창조된 자아'가 전체 그림의 작은 부분일 뿐이라는 것을 알고 있지만, 이것을 조사하고 검증하는 것은 자기 자신의 무가치함, 자신의 수치심 및 두려움에 직면해야 한다는 것을 의미합니다. 그러니, 당연히 불편함을 피하려고 합니다. 참자아와 분리되어 살아가는 당신 안에는 큰 슬픔이 도사리고 있습니다. 그래서 어떻게든지 주의를 돌리고, 보고 느껴야 할 것들로부터 시선을 피해 버립니다. 대신 술, 담배, 마약, 도박에 탐닉하고, 맛있는 음식을 찾아다니거나 일에 중독되기도 합니다. 음란물이나 소셜 미디어 등 온라인에서 자신을 잃어버리기도 합니다. 마비된 삶을 위해서는 성공적인 전략이지만, 그만큼 고통은 영속화됩니다.

현재 순간은 당신의 장엄함과 당신의 무한한 가능성을 여는 문입니다. 영혼에 이르는 입구입니다. 현재를 '있는 그대로' 사랑하는 것은 삶이 당신에게 주고 싶어 하는 모든 가능성을 '더' 받아들일 수 있도록 길을 열어줍니다. 당신의 사랑은 당신을 해방시키고, 확장하고, 고양시킵니다. 당신의 저항은 당신을 가두는 감옥입니다. 당신의 두려움은 당신을 정죄합니다. 인생이란 극복해야 하는 것, 변화시키고 모양을 주조시키지 않으면 안 되는 것이라고 생각한다면, 당신은 사랑, 확장, 진화, 빛인 근본 현실로부터 자신을 단절시키게 됩니다.

삶이 지금과는 뭔가 달라져야 한다고 생각한다면, 자신이 부적절하다는 생각을 계속적으로 만들어내어, 가능성을 차단하고 무력감 속에서 살게 됩니다. 내면의 풍경에 자각의 빛을 비추고 해결하는 능력은 오직 현재 순간에만 써먹을 수 있습니다. 의식적으로 자각하는 것은 현재 순간의 경험입니다. 현실은 단지 현재-순간의 깨어 있음일 뿐입니다. 그리고 무엇보다도 진정성은 현재 순간에만 접속될 수 있습니다. 당신의 진정한 힘은 진동 주파수를 높이고 의식을 확장하며 자신이 진정 누구인지를 기억하는 능력에 있습니다. 그것은 순간 순간 받아들이고 또 받아들이며, 허용하고 또 허용하면서, 당신의 힘, 조화, 진정성에 발을 들여놓겠다는 다짐이요 헌신입니다. 이것이 지금에 대한 당신의 헌신입니다.

당신의 진정한 힘은
진동 주파수를 높이고 의식을 확장하며
자신이 진정 누구인지를 기억하는 능력에 있습니다.

당신의 마음은 당신의 미래에 대한 비전을 창조합니다. 적어도 당신의 과거는 당신이 거짓된 인식을 형성해 온 주변의 경험들로 구성되지만, 미래는 상상으로만 가능합니다. 물론, 미래에 대한 상상은 당신 안에 있는 모든 것, 당신의 모든 두려움, 신념, 개념 및 동일시로 채워질 것입니다. 당신의 미래는 잘못된 기대에 의해 창조되고, 무가치함과 부적절함, 결핍감에 의해 주조되고, 참자아와 일치되지 않은 태도와 접근 방식에 의해 몰아쳐지고, 무기력한 환경에 거주하는, 환상의 악몽이 될 수 있습니다.

욕망을 품으십시오. 그러나 결과에 대한 집착은 내려놓으십시오. 결과에 대한 집착은 당신의 미래를 한계와 요구들로 틀을 짜 버립니다. 결과에 대한 집착은 가능성을 제한하고 고통을 야기합니다. 사실, 미래는 상상할 수 없을 정도로 많은 가능성을 보유하고 있습니다. 삶은 항상 더 '많은 것'으로 확장을 계속합니다. 그것이 우주 법칙입니다. 그러니 당신의 미래가 덜 확장되고 덜 진화되는 것은 불가능합니다. 당신의 미래는 모든 면에서 당신의 이익을 위해 더 더 더 충만해질 것입니다.

사실, 미래는 상상할 수 없을 정도로
많은 가능성을 보유하고 있습니다.

당신의 과거, 현재, 미래를 새로운 방식으로 보는 것, 여기에 헌신하십시오.

#3: 내면의 평화를 향한 헌신

참자아가 숨겨지고 가려질 때에는 에너지가 위축되어 세 가지 일이 일어나게 되어 있습니다. 첫째, 자신의 불완전함과 무가치함을 느끼고 경험합니다. 둘째, 분리감을 느끼고 이원성을 경험합니다. 셋째, 자신이 행한 것에 대한 열매를 거두는 일에 열중하고 결과에 집착합니다. 이 세 가지는 이 행성에 살고 있는 대부분의 사람들에게 나타나고 있는 현상이라고 할 수 있습니다. 이 세 가지 현상이 결합되면 두려움에 사로잡히게 되고, 두려움으로 인해 삶에 대한 저항 속에서 살아갑니다. 두려움, 저항, 집착, 통제는 삶의 흐름을 방해하고, 따라서 의식확장과 진화의 길이 가로막히게 됩니다.

저항은 '있는 그대로'에 대한 불만으로 나타납니다. 이는 수용과 허용과는 반대됩니다. 일천 달러가 있다면, 일만 달러를 원합니다. 사십대이면 삼십대의 활력과 열정을 갖고 싶어 합니다. 침실 세 개짜리 집이 있다면, 침실 네 개짜리 집을 원합니다. 영적인 길을 가고 있는 중이라면, 더 많은 영적 체험을 원합니다. 갖고 싶지만 갖지 않은 것은 붙잡으려고 하고, 갖고 있지만 원하지 않는 것은 밀어내려고 합니다. 이렇게 삶에 저항하면, 정신적, 정서적, 진동적 불만족 상태에서 고통을 당하게 되고, 평화와 행복 및 성취의 가능성과는 멀어지게 됩니다. 두려움과 저항은 당신을 삶과의 전쟁터로 몰아넣습니다.

당신은 인생을 통제하기를 원하고, 그래서 자신이 생각하는 최선의 비전을 위해 세심하게 삶을 주조하려고 듭니다. 인생이 잘못되거나 부적절하거나 해로운 방식으로 전개될까 봐 끊임없이 두려워합니다. 자연은 항상 '더' 나은 쪽으로 움직이고 있다는 것을 믿지 않습니다. 당신에게 옳은 것, 당신에게 효과가 있는 것은 모든 사람에게도 옳고 효과가 있을 것이라고 믿습니다.

두려움, 저항, 애착, 통제는 '창조된 자아'의 작동 방식입니다. 당신이 '있는 그대로'에 저항할 때마다, 당신이 스스로 결과에 집착하고 있는 것을 알아차릴 때마다, 누군가가 당신이 원하는 대로 행동하지 않았기 때문에 화를 낼 때마다, 어떤 사람이나 상황을 통제하고 싶어질 때마다, 그것은 두려움의 자리에서 작동하고 있는 당신의 '창조된 자아'임을 아십시오.

'마음챙김'이란 속도를 늦추고 아무런 판단 없이 현재 순간의 자각으로 옮겨가는 것입니다. 당신이 어떤 식으로 삶에 저항하고 있는지, 어떤 식으로 결과에 집착하고 있는지, 어떤 식으로 삶을 통제하려고 하는지를 스스로 지켜보고 '마음챙김'을 할 수 있다면, 마음의 여유가 생겨나서 두려움을 향해 의식적인 자각의 빛을 비출 수 있습니다. 어둠 속에 빛이 비치면, 어둠은 저절로 사라집니다. 어둠은 공격을 당하지 않고, 파악되지 않고, 수리되지 않고, 분석되지 않고, 밀쳐내지지 않습니다. 어둠은 그리로 의식을 가져가서 의식의 빛을 비추어야 비로소 해소될 수 있고 통합될 수 있습니다. 두려움에 의식적인 자각이 들어오면, 두려움은 그 힘을 잃습니다. 그리고 거기에는 평화가 깃들게 됩니다.

당신이 어떤 식으로 삶에 저항하고 있는지,
어떤 식으로 결과에 집착하고 있는지,
어떤 식으로 삶을 통제하려고 하는지를 스스로 지켜보고
'마음챙김'을 할 수 있다면, 마음의 여유가 생겨나서
두려움을 향해 의식적인 자각의 빛을 비출 수 있습니다.

평화는 전쟁의 부재 상태입니다. 당신이 삶과의 전쟁을 멈출 때, 저항과 반대를 끝낼 때, 허용과 수용으로 움직일 때, 평화가 찾아옵니다. 평화는 분쟁이 없는 고요한 상태입니다. 그것은 당신이 에고의 관점에서 형성된 자신의 신념과 관념을 재정의하여 진실된 것과 일치시킨다는 것을 의미합니다.

평화를 구현하는 사람은 세계 평화의 촉매가 됩니다. 평화는 정렬, 허용, 공명의 효과인 만큼 우리가 창조해낼 수 있는 것이 아닙니다. 삶과의 싸움이 끝날 때, 삶에 대한 저항이 가라앉을 때, 당신이 통제하려는 의지를 내려놓을 때, 집착심을 내려놓을 때, 평화가 저절로 찾아옵니다. 당신의 평화에 헌신하십시오.

#4: 성취를 향한 헌신

어떤 상태를 '성취'라고 하는지는 사람마다 각기 다릅니다. 영적인 사람에게는 깨달음을 의미할 수 있고, 헬스장의 트레이너에게는 완벽한 몸을, 물질적인 사람에게는 부와 권력을 의미할 수 있습니다. 떠오르는 셰프에게는 재정이 뒷받침되어 레스토랑을 여는 것일 수 있습니다. 대학 교수에게는 전공 분야에 정통하여 많은 업적을 쌓는 것일 수 있습니다. 우리는 대개 자기 의무를 다할 때, 이루고자 하는 일을 끝낼 때, 목적을 향해 제대로 나아가고 있을 때, 성취감을 느낍니다. 그러나 진정한 성취는, 우리 자신의 참자아를 알고 그것을 세상에 충분히 표현하는 데에 있습니다. '세상에 참자아를 충분히 표현한다'는 간단한 문장은 영적인 면과 물질적인 면을 모두 포함합니다. 성취는 깨달음, 물질적 성공, 행복에 관한 것입니다. 그것은 또한 번영의 개념을 포함합니다. 번영과 성취는 불가분의 관계에 있습니다.

번성한다는 것은 잘 자라서 무성해진다는 뜻입니다. 당신에게는 몸과 마음과 감정과 영이 있습니다. 모든 수준에서 계속적으로 성장하고 번성한다는 것이 무엇을 의미하는지 생각해 보십시오. 몸이 번성하려면 몸이 가진 목적을 달성해야 합니다. 자동적으로 떠오르는 생각은, '완벽한 건강'일 것입니다. 몸은 사실 당신의 참자아를 표현하는 수단으로서 잘 쓰여야 하고, 자기를 알아가는 여정을 완벽하게 지원할 수 있어야 합니다. 그것이 몸의 건강이 뜻하는 것입니다. 몸은 삶의 목적을 달성하는 데 있어서 제 역할을 할 수 있어야 합니다.

마음도 마찬가지입니다. 당신의 마음은 해야 할 역할이 있습니다. 마음은 분별하고, 분석하고, 결정을 내리고, 외부 세계와 관계를 맺어 줍니다. 또한 마음은, 삶의 목적을 아는 수단이자 표현하는 수단이기도 합니다. 마음은 창의성과 확장을 표현하는 데에, 당신의 참자아를 아는 일에, 맡은 바 역할을 가지고 있습니다. 당신의 마음이 번성할 때, 마음은 당신의 삶의 목적을 지원하는 기능을 하고 있는 것입니다.

느낌은 진동 주파수의 정렬 상태를 측정하는 매우 정교한 온도계와 같습니다. 정렬되지 않은 진동은 기분을 나쁘게 하고, 정렬된 진동은 기분이 좋습니다. 당신이 생각하는 것 이상으로 당신은 이 기준에 따라 결정을 내립니다. 무엇인가를 하루종일

지적으로 분석하여 완벽하게 결정을 내렸다고 할지라도, 기분이 좋지 않으면 당신은 선뜻 그 결정을 따르려 하지 않을 것입니다. 느낌과 감정도 당신의 목적을 규정하고 표현하는 데에 중요한 역할을 합니다.

사회에서, 성취는 때로 성공과 직접적으로 관련됩니다. 성공은 돈, 권력, 인간관계, 지위와 관련이 있습니다. 하지만 현실은 어떤가요? 스타덤에 오른 유명한 젊은 가수가 어느 날 파산 선언을 하고, 완벽한 커플이 갑자기 이혼을 발표하고, 부사장으로 벼락 승진한 사람이 어느 날 불현듯 해고됩니다. 진정한 성공은 성취 그 이상이어야 합니다. 조용한 마음, 가족과 함께, 또 자연과 함께 보내는 더 많은 시간, 인생의 목적을 향해 나아가는 일….

삶에는 내적 현실과 외적 현실이 있으며, 성취에도 내적인 면과 외적인 면이 있습니다. 그러니 내적 성취로 인한 충만감이 100%, 외적 성취로 인한 충만감이 100%, 그래서 도합 200%의 성취라야 진정한 성취라고 할 수 있습니다. 내적 성취는 당신의 참자아를 아는 것에 관한 것이고, 외적 성취는 당신의 몸, 마음, 감정을 지원하여 그것들이 세상에 자기 나름대로 독특한 기여를 할 수 있도록 자기를 표현할 수 있게 하는 것입니다. 인생의 200%를 사는 것, 거기에 헌신하십시오. 성취를 위해 헌신하십시오.

#5: 무한한 가능성을 향한 헌신

부적절함, 한계, 무가치함, 두려움 속에서 살아갈 때, 당신은 그것들과 일종의 관계를 맺게 됩니다. 당신이 무가치함과 결혼한 상태라고 상상해 보십시오. '무가치함'은 당신의 참모습이 아닌데도, 당신이 어디를 가든 줄줄 따라다닙니다. 그것은 하루 24시간 내내 당신과 함께 생활합니다. 그것은 당신에게 주기적으로 말을 걸어옵니다. 많은 관심과 시간과 에너지를 써 달라고 보챕니다. 가장 중요한 것은, 이 관계가 당신을 정의하고, 당신의 삶에서 가능한 것을 규정한다는 것입니다. 매우 일방적인 관계라고 할 수밖에 없습니다. 그것은 당신에게 아무것도 제공하지 않으면서 거의 모든 것을 요구하기 때문입니다.

자신을 무가치하다고 규정할 때, 우리는 우리를 위해 의도된 모든 것을 받아들이는 데에 에너지의 장벽을 창조하게 됩니다. 자신이 무가치하다는 믿음에서 자신이 자격이 있다고 믿는 단계로 도약하는 것은 어려운 일입니다. 하지만 자신을 재정의하면 천천히 올바른 방향으로 나아갈 수 있습니다. 말이나 희망 사항만으로는 그렇게 될 수 없습니다. 자기 사랑을 향해 나아가는 것은 진동 주파수의 상승을 요구합니다. 진동적 도약으로 레벨을 높여야 합니다.

신뢰는 이러한 진동적 도약을 지원합니다. 신뢰는 흐름을 허용하고, 흐름은 가능성을 열어줍니다. 내가 말하는 신뢰는 우주가 당신의 확장을 위해, 당신의 신성을 실현하기 위해 펼쳐지고 있다는 것을 아는 것입니다. 그러니 당신의 삶에서 가능한 것을 재정의하고 싶다면, 당신은 진실하고 진정한 것을 받아들이고 신뢰하는 일부터 시작해야 합니다. 신뢰는 수용을 위해 마음을 여는 일이며, 신뢰의 토대는 수용입니다.

**신뢰는 흐름을 허용하고,
흐름은 가능성을 열어줍니다.**

당신은 신성의 독특한 표현이며, 그에 따라 당신은 당신 나름의 독특한 자질을 갖게 됩니다. 당신은 지금 당신을 위한 완벽한 위치, 완벽한 지점에서 완벽한 존재 방식으로 더 많은 확장과 진화를 위해 나아가기 위해 자기 자신을 독특하게 표현하고 있는 중입니다. 이것은 '더' 나은 것을 향한 당신의 도약점입니다. 당신에게는 아무 문제가 없습니다. 고쳐져야 할 것도 없습니다. 필요한 것은 수용하는 것뿐입니다. 당신이 누구이든, 어디에 서 있든, 거기에는 아무 잘못이 없습니다. 당신은 있는 그대로 완전합니다.

모든 것이 항상 '더' 많은 확장과 진화로 움직이고 있다는 것, 그것이 우주 법칙입니다. 그것은 당신을 위한 실제적이고 진정한 유일한 가능성입니다. 다른 가능성은 없습니다. 당신은 당신이 '더' 나은 곳으로 이동하고 있다는 것을 받아들이기만 하면 됩니다.

하지만 여기에는 함정이 있습니다. 당신은 당신 나름대로 '더'가 무엇을 의미하는지를 정의해 왔습니다. '더'는 당신이 마땅히 그렇게 되어야 한다는 방식을 보여줄 뿐입니다. 당신이 가난하다면, '더'는 부자를 의미합니다. 당신이 무가치하다고 느낀다면, '더'는 다른 사람들에게 인정받는 것을 뜻합니다. 당신이 아프다면, '더' 건강을 의미합니다. 그러나 우주는 당신의 운명을 손에 쥐고 있고, 당신의 기억과 깨달음은 당신이 그동안 그려온 로드맵과는 비슷한 점이 거의 없는 완벽한 지도를 펼쳐 보여줄 수 있습니다. 그래서 삶이 펼쳐지고, 당신이 '더'라고 규정해 온 것과는 다른 모습이 나타날 때, 당신은 거부하고 저항합니다. 당신은 삶을 있는 그대로 보기를 거부하고, 그러면 새로운 상황에 내포된 기회와 가능성을 알아볼 수가 없게 됩니다.

바로 이 지점에서 신뢰가 필요합니다. 삶에 나타난 것은 무엇이든, 그것은 당신을 위한 완벽한 '더'입니다. 당신이 그것을 믿어야 하고 또 믿을 수 있는 것은, 그것이 바로 우주가 움직이는 유일한 방식이기 때문입니다. 당신이 해야 할 일은 당신의 자각, 당신의 마음챙김, 당신의 통찰력을 사용하여 '더'가 무엇인지를 살펴보고 알아차리는 것입니다. 이것이 가능성을 인지하는 방법입니다. 이것이 무한한 가능성이 펼쳐지는 방식입니다. '더'는 항상 나타나고 있지만, 당신이 그것들의 존재를 인지하고 기회를 포착하지 않는 한, 그것들은 비활성 상태로 남아서 스쳐 지나가고 맙니다.

삶에 나타난 것은 무엇이든,
그것은 당신을 위한 완벽한 '더'입니다.

우주가 끊임없이 확장되고 새로운 가능성을 매 순간 제공한다는 것을 의식적으로 인지하기 시작하면, 당신은 무한한 가능성이 존재한다는 것과 그 가능성들이 실제로 당신 자신에게 계속적으로 제시되고 있다는 것을 신뢰하고 믿을 수 있습니다. 그러면 가능성이 인지될 수 있고, 현실이 될 수 있습니다. 당신의 현실이 되어가고 있는 무한한 가능성을 향해 헌신하십시오.

15

신뢰와 내맡김

삶에 대한 저항을 끝내고 수용과 허용의 자세가 갖추어지면, 당신은 오감 너머에 있는 무한한 잠재력을 깨닫게 되고, 다섯 가지 헌신에 따라 생활하는 것을 우선시하면, 당신의 참자아를 알기 위한 마지막 관문은 신뢰와 내맡김입니다. 두려움과 생존을 위한 고투가 해소됨과 아울러 완전한 신뢰의 상태에 들어서게 되면, 당신은 당신에게 가능한 축복과 기회를 온전히 받을 수 있습니다.

기발한 창의력이 허용되지 않는 평범한 직장을 그만두고 꿈의 직장을 찾은 사람의 이야기는 늘 화제가 되곤 합니다. 벼르고 벼르다가 질질 끌었던 관계를 끝내고 난 지 얼마 지나지 않아 소울 메이트를 만났다는 사람도 있습니다. 오래 짓눌려 왔던 피해의식을 극복하고 놀라울 만큼 열정적인 활약을 펼치게 된 사람도 적지 않습니다. 우연한 시간 우연한 장소에서 장차 큰 도움을 받게 될 사업 파트너를 만나는 경우도 있고, 유기농 마켓에서 사과를 고르다가 영적 스승을 만났다는 분도 있습니다.

이것은 당신이 모든 것을 내려놓고 삶의 큰 흐름을 신뢰하고 거기에 내맡길 때 일어나는 일입니다. 어디로 가는지 당신 자신도 알지 못하지만 그렇게 큰 흐름을 신뢰할 때, 동시성의 시나리오가 반짝이면서 당신 앞에 펼쳐집니다. 당신의 인생은 당신이 당신 자신의 영혼과 공명함에 따라 확장됩니다. 당신이 어디에 있든 고향의 품에 안겨 있는 느낌을 받는 것은, 당신 내면에 있는 신성이 곧 당신의 고향이기 때문입니다.

**당신이 어디에 있든
고향의 품에 안겨 있는 느낌을 받는 것은,
당신 내면에 있는 신성이 곧 당신의 고향이기 때문입니다.**

당신이 신뢰와 내맡김의 상태에 있을 때, 당신은 당신을 보살펴주는 유기체적인 섭리가 작용하고 있다는 것을 알게 됩니다.

현실이 당신의 편이라는 진실을 받아들이고 있는 것입니다. 당신은 당신이 필요로 하는 모든 인간 경험이 당신에게 올 것이라고 확신합니다. 당신이 그러한 수용에 더 많이 이완될수록, 그것은 물리적인 현실로 더 빨리 나타납니다.

내맡김은 당신으로 하여금 당신의 개인적인 의지를 포기하고 신의 뜻에 맞추어 살게 해줍니다. 당신의 개성이 결정한 것들은 멋지게 증발해 버립니다. 당신은 더 이상 가능성을 제한하지 않습니다. 은총이 당신의 인생 버스를 운전합니다.

신뢰는 개인의 욕구를 점진적으로 내려놓고 큰 흐름에 내맡김으로써 자연스럽게 내면에서 발생합니다. 신뢰는 '있는 그대로'와의 자발적인 일치이며, 그러한 신뢰를 통해 삼매가 오게 됩니다. 삼매는 있는 그대로의 현실을 완전히 포용하는 것입니다. 내적 경험과 외적 경험은 차이가 없습니다. 그것들은 하나가 됩니다.

신뢰는 '있는 그대로'와의 자발적인 일치이며,
그러한 신뢰를 통해 삼매가 오게 됩니다.

물론, 삶에는 의심하지 않아도 되는 것들이 있습니다. 이미 완전히 신성과 정렬되어 있는 삶의 측면들이 있습니다. 해가 뜰 것인지, 낮이 지나면 밤이 올 것인지, 의심하는 사람은 없습니다. 숨을 들이마신 다음 내쉬게 될지를 의심하는 사람은 없습니다. 당신의 삶에도 그렇게 의심하지 않아도 될 것들이 있고, 그런 측면들을 당신은 신뢰합니다. 이렇게 신뢰할 수 있는 측면들을 다시 한번 느껴 보시고, 확신이 느껴지지 않는 영역에 적용해 보십시오.

신선한 올리브나무의 어린 가지를 입에 물고 있는 순백의 비둘기처럼 모든 것을 신뢰하고 내맡기는 당신의 모습을 상상해 보십시오. 그것은 모든 것이 다 지나가고 당신이 회복되었다는 확증입니다. 당신의 운명이 완전하게 펼쳐지고 있고, 기쁨과 경이가 따르게 될 것이라는 앎을 통해 신뢰는 몰라보게 자라납니다. 의식적 자각, 확장된 마음챙김, 수용, 정렬, 조화는 당신이 꽉 쥔 손을 활짝 펴도 괜찮다는 더 큰 각성의 부분들입니다. 신뢰와 내맡김은 당신이 자신의 고통을 끝내고 평화를 찾을 수 있다고 당신에게 속삭입니다.

**신뢰와 내맡김은 당신이 자신의 고통을 끝내고
평화를 찾을 수 있다고 당신에게 속삭입니다.**

인간 존재로서, 당신은 종종 당신의 삶에서 특별한 무엇인가를 하고 싶은 열망을 느낍니다. 당신이 갖고 싶은 특성—세계적으로 유명한 운동선수의 기량, 세계적 지도자가 될 수 있는 역량, 유명 화가가 될 만한 예술적 재능—은 모든 것을 내려놓고 신성에 당신 자신을 정렬시키겠다는 의지에서 태어납니다. 당신의 근본적 가능성은 당신의 상황이나 지위, 은행 계좌에서 태어나는 것이 아니라, 영혼에서 태어납니다. 당신의 위대함은 당신이 당신의 신성한 영광에 마음을 열고 그 근원에 대한 신뢰와 연결 속에서 살고자 하는 당신의 의지를 통해 직접 끌어내어지고 접속됩니다.

단번에 도약할 수는 없습니다. 인생을 통제하려고 움켜쥔 손을 조금이나마 느슨하게 풀면, 약간의 평화를 찾을 수 있을 것입니다. 그동안 몸과 마음을 맡겼던 안전지대에서 한 발짝 벗어나 쉼을 가지는 것도 도움이 될 것입니다. 숨을 깊이 들이쉬고 내쉬면서, 내면을 탐색해 보십시오. 당신이 크게 상관하지 않아도 세상은 펼쳐질 것이고, 스스로를 돌볼 것입니다. 오늘을 위해, 당신은 그 한 걸음, 그 작은 진동의 도약을 할 수 있습니다. 조금씩 조금씩 받아들이고 또 받아들이면서 수용 능력을 키우다 보면, 마음이 가벼워지고 밝아지기 시작할 것입니다. 한 번씩 진동 변화가 일어남에 따라 저항의 무거운 에너지가 한결 가벼워지고, 두려움은 서서히 물러날 것입니다.

당신이 '창조된 자아' 안에서 살아갈 때, 인생은 당신**에게** 일어나는 것처럼 보입니다. 해결, 변화, 통합의 길에 들어서면, 당신은 인생이 당신을 **위해** 일어나는 것을 보게 됩니다. 당신은 당신의 삶을 통해 일하는 신성한 은총의 손길을 보기 시작하고, 그 손길에 당신을 온전히 내맡길 수 있게 됩니다. 수용이 성취에 도달하는 것은 그러한 내맡김을 통해서입니다. 삶은 항상 당신의 내면 상태를 정확하게 반영할 것입니다. 당신이 위축되어 진동 밀도가 무거워지고 삶에 저항할 때, 삶의 도전은 많아지고 압도적으로 닥쳐옵니다. 당신이 당신의 참자아를 되찾을 때, 가장 큰 변화가 찾아옵니다. 인생이 당신을 위해 일어난다는 것을 아는 것에 그치는 것이 아닙니다. 삶 자체가 바로 당신이 됩니다. 삶이 '당신으로서' 모습을 나타냅니다.

그렇게 확장된 상태에서, 개별 물방울은 바다와 합쳐집니다. '하나임'이 가능해집니다. 경계와 차이가 증발합니다. 오직 하나의 의식, 오직 하나의 에너지만이 있다는 깨달음이 동터 올 때, 완전한 신뢰가 떠오릅니다. 오직 신성만이 존재합니다. 당신 자신이 된 신성, 잠시 그 모습을 감추었지만 이제 그 모습을 온전히 드러낸 신성만이 존재합니다.

길을 따라가다 보면, 내맡김의 상태가 저절로 찾아옵니다. 결국, 당신은 어느 날 깨어나서 이렇게 말할 것입니다.

"와, 날마다 한 걸음씩 내디뎠을 뿐인데, 어느새 여기까지 오게 되었네. 정말 가치가 있는 여행이었어. 그동안 나를 짓눌렀던 무거움은 한결 가벼워졌고, 고통도 많이 사라졌어. 나는 이제 거의 일어나는 일들에 저항하지 않게 되었어. 두려움도 다 녹아버렸어. 삶이 나를 위해 펼쳐지고 있어."

인생은 강물처럼 유연하게 흘러갈 것이고, 투쟁은 끝날 것입니다. 무엇보다도, 당신은 '당신 자신'을 발견하게 될 것입니다. 당신은 당신의 진정한 참자아를 기억할 것이고, 당신의 온전함, 당신의 신성함, 당신의 축복을 알게 될 것입니다. 마침내, 당신은 새로운 현실을, '하나임' 안의 삼매 상태에서 '당신—연결—삼매'로서 일어나고 있는 삶을 경험하게 될 것입니다.

삶, 당신, 나, 고양이, 분노, 두려움, 찬사, 슬픔, 희망, 삼매는 모두 하나입니다. 그것들은 의식의 놀이이자, 위대한 나타남이며, 기억입니다. 그것들은 모두 당신의 귀환을 위한, 온전함으로의 귀환을 위한 부분품들입니다. 그것들은 큰 사랑으로 합쳐지는 작은 사랑들이요, 사랑의 큰 바다로 합쳐지는 작은 사랑의 강들입니다.

결국, 삶은 신성의 빛으로 합쳐지는 신성의 빛일 뿐입니다.

그것은 기억이고, 인식이고, 밝아짐이고, 깨달음이고, 자아실현이고, 삼매입니다. 그것은 내 가슴과 당신의 가슴이 신의 가슴과 합해지는 것입니다. 어차피 가슴은 하나뿐이기 때문입니다. 오직 하나의 자각, 하나의 의식, 하나의 에너지, 하나의 사랑이 있을 뿐입니다. 축복만이 있을 뿐입니다. 은총만이 있을 뿐입니다.

감사의 말

모든 것은 사랑에서 비롯됩니다. 이 책이 나오기까지 저마다 제 역할을 해 주신 모든 분들께 감사의 말씀을 일일이 전해 드린다는 것은 사실 불가능할 일일 것입니다. 마침내 내가 나의 진화적 잠재력을 표현할 수 있는 자유의 장소에 도달하기까지, 저마다 자신의 역할을 완벽하게 해주신 모든 분들을 어찌 다 헤아릴 수 있겠습니까? 사실 이 책은 내가 메신저로서의 역할을 의식적으로 받아들일 용기가 생기기 훨씬 전에 창조되었습니다. 나를 지금 이 순간까지 이끌어준 사랑의 포옹들과 길 안내자들 모두에게 감사드립니다. 나는 이제 그 모든 것을 신의 섭리로서 마음 깊이 받아들이고 있습니다.

이 책을 펴내도록 직접적인 영향을 준 분들에게 일일이

감사드리고 싶습니다.

이 출판 작업과 글로벌 커뮤니티에 대한 인내와 헌신으로 수고해 준 데사이 컴퍼니 Desai Companies 전체 팀에 감사드립니다.

나 자신을 이렇게 표현하 수 있도록 기대와 응원을 아끼지 않은 나의 놀라운 에이전트, 아만다 애니스 Amanda Annis와 트라이던트 미디어 Trident Media 전체 팀.

기드온 웨일 Gideon Weil과 하퍼원 HarperOne 출판사 가족 모두가 글로벌 변혁을 위한 도구로서 제 목소리를 키울 수 있도록 사랑과 지원을 아끼지 않았습니다.

사랑하는 친구 제임스 페사벤토 James Pesavento는 사랑의 지도와 지원을 아끼지 않았으며, 모두의 수고와 고통을 덜어주기 위해 늘 마음을 써 주었습니다.

마지막으로 독자 여러분께 감사드립니다. 여러분은 자신의 무한한 잠재력을 깨워 달라는 저의 부름에 응해 주셨습니다. 이 책이 기억 여행의 뜻 깊은 시작점이 되기를, 이미 둥글원만한 당신의 참자아로 귀의할 수 있도록 힘을 불어넣어 줄 수 있기를 간절히 바랍니다.

당신이라는 존재의 신비를 살기

꿈꾸고 원하는 삶을 향한 애씀에 대하여

이 지상에 태어난 이상, 누구나 다 꿈꾸고 원하는 삶이 있다. 저마다 기쁨에 차올라 자기 하고 싶은 것을 하면서 자유와 풍요를 누리고 싶어 한다. 원하고 꿈꾸는 삶을 이 땅에 실현시키고 싶은 바람과 욕망이야말로 모든 인간으로 하여금 '그래도 그래도 살고 싶게 만드는' 원동력일 것이다. 나는 지금 여기에 서 있고, 내가 바라고 원하는 삶의 형태는 저기에 있게 마련이며, 그래서 우리 모두는 '저기'를 향해서 달려가고 있는 중이다. 이 지상의 인간들 중 얼마나 많은 이들이 '지금 여기에서 충만한 삶'을 살고 있을까? 아마 극소수일 것이다. 누구나 저마다 조금쯤은 '결핍증'을 앓고 있고, 바로 그것이 3차원에서 살아가는 이 지구인들의 대표적인 특성이 아닐까? 사랑 결핍증이든 물질 결핍증이든, 결핍증을 앓으면서 늘 허덕허덕 살아가고 있는 것 같은 지구인들에게, 이런 결핍증에서 벗어날 획기적인 방법이 있다는 속삭임은 입맛이 당기는 소식이 아닐 수 없다.

'수 세기 동안 단 1%만이 알았던 부와 성공의 비밀'이라는 부제의 『시크릿』이 전 세계적 베스트셀러로 떠오른 것도 그만큼 결핍증 환자들이 많다는 반증일 것이다. 『시크릿』을 비롯한 자기계발 부문의 수많은 책들이 '원하는 삶을 사는 비결'을 내세우고, 그 비결의 한가운데에는 '끌어당김의 법칙'이 자리한다. 끌어당김의 법칙은 아주 간단하다. 생각과 느낌은 에너지여서 어떤 생각과 느낌을 품고 사느냐에 따라 비슷한 에너지를 끌어들인다는 것이다. "부자가 되고 싶다면 자신을 이미 부자라고 생각하라, 그러면 결국 부자로서 살게 된다!" 돈의 문제만이 아니라, 인생사의 다른 문제들도 다 마찬가지다. 건강 문제든, 인간관계 문제든, 행복의 문제든, 꿈꾸고 원하는 삶을 이미 살고 있다고 믿고 상상하라. 무엇이든지 집중해서 생각하고 믿는 것은 현실이 될 것이다.

『시크릿』의 저자 론다 번이 인용한 선각자들 중 한 분인 네빌 고다드는 이렇게 말한다.

"소망이 아직 현실로 다가오지 못했더라도 이미 소망이 실현된 것처럼 사십시오. 그러면 여러분의 기다림의 시간을 줄일 수 있을 것입니다. 세상은 단단한 것이 아니라 마음속의 영상입니다. 눈먼 운명이라는 것이 역사의 방향을 결정하는 것이 아니라, 여러분의 상상의 활동이 그것을 결정합니다."

"상상의 드라마에서 펼쳐진 오늘의 일은 내일의 현실이 됩니다."

"결과에 이르는 방법을 찾으려고 애쓰지 말고 단지 상상 속에서 소망이 성취된 느낌으로 살아야 합니다."

"상상 속의 이미지들이 실체이고, 모습을 드러낸 모든 물질적인 것들은 내면의 이미지가 비춰진 그림자에 불과합니다."

"인간은 상상력을 이용하여 문자 그대로 '존재하지 않은 것을 존재 안으로 불러냅니다.'"

스스로 짓는 상상의 한계

그럼에도, 원하는 것들이 이미 이루어졌다고 믿고 생생한 느낌 속에서 사는 일—너무나 간단해 보이는 이 법칙을 따름으로써 실제로 원하는 삶을 실현했다는 케이스는 실로 드물어 보인다. 왜 그럴까? '원하는 것이 이미 이루어졌다는 상상의 그림'이 아무래도 실감나게 그려지지 않기 때문이 아닐까? 상상의 그림이 아무래도 실감나게 그려지지 않는다면, 심상화 작업은 헛바퀴만 굴리고 있는 것이다. 심상화 작업이 어지간히 진행중이라고 해도, 심층 의식 속에서는 '그런 일이 나에게 과연 일어날까?'라는 의심의 안개가 진을 치고 물러날 생각을 하지 않는다.

지구인보다 더 높은 차원의 존재라는 람타는 채널러 제이지 나이트를 통해 이런 조언을 한다.

"당신이 수용할 수 있는 기준은 얼마나 넓고 얼마나 깊고 얼마나 높은가? 그것이 바로 믿음이다. 당신은 스스로 받아들이지 않은 것을 삶 속에서 절대로 드러낼 수 없다. 당신은 스스로 받아들이는 것만을 보여줄 수 있다. 당신이 수용할 수 있는 것은 얼마나 넓은가? 그 수용의 폭은 당신의 의심보다 더 큰가? 그 수용의 한계는 무엇인가? ...당신은 스스로 수용할 수 있는 것보다 더 큰 어떤 것도 가질 수 없다."

마크 빈센트는 『블립』에서 보다 현실적으로 이렇게 가리켜 보인다.

"도널드 트럼프가 부자인 이유는 무엇일까? 그것은 그가 하루에 3백만 달러를 벌겠다는 것을 받아들였기 때문이다. 그는 대부분의 사람들이 생각할 수 없는 가능성의 모델을 세웠다. 사람들은 보통 하루에 200달러 정도를 벌 수 있을 것이라는 모델을 세운다. 트럼프가 한 일은 단지 0 몇 개를 더 붙이고 그것을 받아들인 것이다. 그가 꼭 특별한 재능을 가지고 태어났다고 볼 수도 없다. 모든 것은 수용의 문제이다."

소망이 탐스러운 현실의 열매로 나타날 때까지, 그저 이미 이루어졌다는 상상만 계속할 뿐 상상의 힘 스스로 상황을 창조할 수 있도록 내맡기기만 하면 되는데도, 상상 속에서 우리가 이룬 것들을 현실 속에 모습을 드러낼 수 있도록 우주가 스스로 알아서 그 방법을 고안해 낼 수 있을 것이라는 것을 진실로는 믿지 못하는 경우가 많다. 표면의식을 전부인 것처럼 살아가는 보통 사람으로서는 엄청난 자원의 보고寶庫가 우리 안에 이미 내장되어 있음을 믿지 못하는 것이다.

우리가 우리 안의 잠재력을 믿지 못하여 상상의 그림이 제대로 그려지지 않을 때, 우리의 꿈은 그림의 떡이요 사막에 나무 심기가 되어버린다. 아름다운 꽃을 피우고 싶어 하고 실한 열매를 거두고 싶어 하면서도 자신의 뿌리를 알지 못하고 믿지 못하는 꼴이다. 어떻게 해야 할까? 미래의 원하는 삶에 대한 상상의 그림이 제대로 그려지지 않는다면, 자신의 뿌리부터 살펴보아야 한다. 뿌리를 알지 못하고 믿지 못한다면, 도대체 어떤 꽃과 열매를 기대할 수 있단 말인가?

내 안에서 풀려나가는 그것

무엇이 나의 뿌리일까? 국화가 장미를 꽃 피울 수 없고, 감나무에서 배나무가 열릴 리 없다. 인생도 마찬가지다. 어떤 꽃을 피우고 어떤 결실을 거둘 것인가 하는 것은 각자의 카르마에 달려 있는 것 같다. 지구별에서의 한 생애는 삶이라는 대하 장편소설의 한 장章에 지나지 않아서, 지난 생애들이 자유의지보다 훨씬 더 절대적인 영향을 끼치는 것이 아닐까? 어린 시절부터 음악이나 미술, 수학, 언어 등 특정 부문에 놀라운 자질을 보이는 현상은, 카르마로밖에 달리 설명할 길이 없다.

모차르트는 네 살 때 피아노 협주곡과 소나타를 작곡했고, 일곱 살 때에는 오페라를 작곡했다. 영국의 철학자이자 경제학자인 존 스튜어트 밀은 세 살 때 그리스어를 습득하여 여섯 살 때에는 어려운 고전들을 척척 읽어냈다. 이런 사례들은 부지기수로 많다. 천재는 전생에 이미 습득했던 경험들이 꽃 피어난 결과인 것이다. 유별난 신동들만 카르마의 영향 하에 있는 것은 아닐 것이다. 우리 모두가 다 이미 다른 생들을 통해 배우고 익혀서 특별히 친숙하고 습득하기 쉬운 분야가 있다. 플라톤은 "쉽게 얻어지는 지식은 '영속적인 자아'가 전생에서 이미 갖고 있던 것이다. 그래서 그토록 쉽게 복구되는 것이다."라고 하였고, 데카르트도 "인간은 선험적先驗的 기억을 갖고 있는 것 같다. 탁월한 직관과 특정한 경향성, 재능, 통찰력, 영감 등은 바로 이 기억을 통하여 나타나게 된다."고 하였다.

우리가 원하고 꿈꾸는 삶을 이 지구별에서 실현하기 위하여 '끌어당김의 법칙'을 적용, 원하는 바가 이미 이루어졌다고 심상화 작업을 행하려고 해도 그림이 제대로 그려지지 않는다면, 그것은 자신의 카르마에 들어맞지 않는 것일 가능성이 크다. 카르마에 들어맞는 인생 그림을 그릴 때라야 거기에 힘이 붙고 술술 풀려 나갈 수 있는 탄력이 생기게 될 것이다. 그렇다면 인생은 '끌어당김의 법칙'에 따라 이루어진다기보다는 '풀려나감의 법칙'에 따라 이루어지는 측면이 더 크지 않을까?

꿈이 있고 원하는 것이 있다는 것은 삶의 원동력임이 분명하고, 꿈을 좇아 달려가면서 넘어지고 다시 일어서고 다치고 피 흘리면서 울고 웃는 것이 인생이지만, 원하는 것을 다 이룬다고 해서 온전한 삶을 살았다고 할 수는 없다. 원하는 것들을 이룰 만큼 다 이루고 난 뒤에 오히려 더 큰 공허감에 시달리는 경우가 많다. 부와 성공, 지위와 명예 등 겉으로 드러나 보이는 것을 목표로 삼고 그 목표의 달성 여부를 자기 정체성의 근거로 삼는 경우에는 십중팔구 인생관을 재정립해야 할 시기가 다가오게 마련이다.

"나"라는 존재의 신비에 눈을 뜨면

어떻게 해야 우리 자신의 성공과 실패, 가진 것의 많고 적음, 지위의 높고 낮음에 더 이상 울고 웃고 넘어지고 일어서고 피 흘림이 없이 매 순간 '충만한 삶'을 살 수 있을까? 파나슈 데사이는 겉거죽의 살림살이에 따라 울고 웃는 것을 그치고, 우리 자신의 본래적 가치, 곧 '참자아'에 눈을 뜰 것을 가리켜 보인다. 개체적 자아의 가치에 연연할 것이 아니라 보이는 것 너머에서 우리 자신을 맥동시키고 있는 근원의 힘을 응시하고 그 신비에 눈을 뜰 때, 우리는 자신의 존재와 주변의 모든 것을 비로소 소중하게 보듬을 수 있게 된다.

외부의 그 무엇도, 당신이 어떤 것을 가졌다고 해도, 그것이 당신의 가치나 미래를 보장해 주지는 않습니다. 당신의 가치를 보장해 주는 것은, 바로 지금 당신이 숨을 쉬고 있다는 사실입니다.

누가 나의 피를 돌게 하고 맥박을 뛰게 하는가? 누가 숨을 쉬게 하는가? 누가 이 몸의 80조 개 세포를 살게 하고 움직이게 하는가? 경외의 시선으로 나 자신을 바라보면서 내 숨소리에 잠시만 귀 기울여 보아도, 우리는 이 우주를 움직이는 거대한 신비 속에 포함되어 있는 우리 자신을 발견할 수 있다. 별과 별을 어김없이 돌게 하는 그 신비, 아침이면 나팔꽃을 피우고 저녁이면 지게 하는 그 신비가 바로 우리 자신 안에서 숨쉬고 있는 것이다. 그러니 우리가 우리 자신의 가치를 높이기 위해 애써 더 갖다 붙이려고 하는 그것이 성공적으로 달성된다 한들, 3차원의 측량 기계로는 도저히 헤아릴 수 없을 만큼 거대한 신비 자체인 우리의 존재 가치를 어떻게 한치라도 더 높일 수 있겠는가?

바로 지금 이 순간, 당신의 존재 자체보다 당신을 더 가치 있거나 더 좋게 만들어 줄 수 있는 것은 없습니다. 당신이 어떤 행위를 한다고 해도, 당신이 그 무엇을 가졌다고 해도, 당신이 어떤 성취를 했든, 당신의 존재 자체를 더 가치 있거나 더 낮게 만들어 줄 수는 없습니다. 당신의 존재는 그 자체로 이미 신성의 펼쳐짐이요, 그것으로 충분합니다. 당신은 이미 충분합니다.

깊이 숨을 들이쉬고, 존재 전체에 그 숨결이 스며들게 하십시오. 당신은, 있는 그대로, 이미 충분합니다.

당신이라는 존재의 깊이는 너무나 심대합니다. 측량할 수 없을 정도로 강력하고, 당신은 그것을 끊임없이 드러내고 있습니다. 참자아는 의식이고, 관찰자이고, 증인입니다. 당신의 보편적인 영혼적 측면은 시간과 공간을 넘어 모든 방향으로 무한대로 뻗어 있습니다.

온 우주 만물을 떠받치고 있는 신비가 내 존재 또한 떠받치고 있음을 실감할 때에야, 우리는 비로소 개체적인 남자나 여자로서의 영원히 채워질 수 없는 허기증에 더 이상 시달리지 않을 수 있는 또 다른 사랑의 샘을 만나게 된다. 개체적인 자아의 살림살이에만 열중해서는, 아무리 채워도 채워지지 않는 허기증에 시달릴 수밖에 없다.

우리 모두는 우리가 생각하는 우리가 아니다. 우리는 우리가 생각하는 것보다 훨씬 더 밝고, 강력한 존재들이다. 철새들이 길을 잃지 않고 고향을 찾아가는 그 힘이, 아스팔트 사이에서도 꽃을 피우는 민들레 한 송이의 그 기적이, 우리 안에도 깃들어 있다. 그 기적 안에 존재 자체를 담아낼 때, 우리는 고도 1만 미터 상공에서 내려다보는 시야의 크기 이상으로 우리의 울고 웃음을, 우리의 성공뿐만 아니라 실패마저도 껴안을 수 있는 여유를 갖게 될 수 있다.

우리 자신의 존재 자체가 이미 품고 있는 거대한 신비, 파냐슈 데사이는 바로 그 신비에로 우리를 초대한다.

"너무 잘 살려고 그렇게 애쓰지 마세요. 지나친 애씀은 자기 자신을 오히려 해칠 뿐이랍니다. 당신은 이미 신비 자체입니다. 당신이 이미 이 우주를 움직이는 거대한 사랑에 몸과 마음을 담그고 있답니다. 그 기적에 눈을 뜨세요. 당신은 있는 그대로 이미 충분한 존재입니다."

2022년 10월 21일

유영일